U0058179

美國新世紀教育改革

劉慶仁◎著

作者簡介

劉慶仁

學歷：國立台灣師範大學教育學士
　　　美國俄亥俄州辛辛那提大學教育碩士
　　　美國俄亥俄州辛辛那提大學教育行政博士
　　　美國俄亥俄州州立大學博士後研究
現職：駐英國代表處文化組組長
經歷：桃園縣中壢國民中學教師
　　　台北市政府教育局科員
　　　教育部國際文教處專員、科長
　　　駐美國代表處文化組一等祕書
　　　駐休士頓辦事處文化組組長
　　　北美華人教育研究暨策畫協會理事
　　　台北市立師範學院兼任副教授
專長：教育行政、英美教育、國際文教

自　序

　　為了迎接新世紀的挑戰，近年來各國紛紛提出前瞻性的教育改革理念與政策，藉以提升全體國民素質及國家競爭力，美國聯邦與各州在學校教育改革上的努力更是有目共睹，呈現一片蓬勃發展的新氣象。作者之前奉派在美從事國際文教工作，得便觀察記錄美國中小學教育的發展狀況，並蒙國立教育資料館慨允出版，最近再將後續撰寫的篇章彙整成冊，期有系統與國內教育界朋友分享，相信本書對於教育決策者、研究者、行政工作者以及學校教師們具有參考價值。

　　本書先介紹美國 2002 年 1 月通過實施的「不讓孩子落後法」（No Child Left Behind Act），新法規定各州建立績效責任制度、界定每年學生進步尺度、實施三至八年級閱讀及數學測驗、提供高素質教師，以及採用科學證實有效的教育計畫與方法；同時，新法賦予州、學區和學校更大的自由與彈性，也提供家長、學生更多選擇的機會，如轉學及其他輔導服務。作者認為，新法的改革動向將為美國中小學教育帶來一個新紀元，由於新法實施才兩年多，尚難論斷它的功過成敗，故其後續發展值得注意。其次，作者就這一波改革最有關的議題，如教師素質、績效責任和教育鬆綁等，一併做深入的探討，並佐以實例。至於近年來美國聯邦或各州的其他改革策略，包括縮小數位落差、教育民營化、降低班級規模、小校規畫、學校公共關係、學校本位管理及推動國際

教育，亦在本書中有專篇討論。此外，為了方便讀者掌握美國十年來學校教育改革的發展，特別將 1994 年至 2004 年之間所發生的大事，依年度扼要記載於附錄以供參考。

　　本書之撰寫，內容力求正確完整，但囿於作者之能力，難免有疏漏之處，尚祈讀者先進不吝指正。最後，本書能夠順利出版，特別要感謝心理出版社林總編輯敬堯的鼓勵與協助。

劉慶仁謹識

2005 年 01 月

目　　錄

CONTENTS

不讓孩子落後法：
邁向改革的新紀元

一、前言

　　近年來美國中小學教育上的大事，莫過於 2002 年 1 月「不讓孩子落後法」（No Child Left Behind Act of 2001, NCLB Act）的簽署實施，許多分析家認爲，此一增加教育投資、提高績效要求的中小學教育法案，是美國聯邦政府 1960 年代以來最重要的教改政策，它擴大了聯邦在傳統上由州、地方學校理事會等獨立自主

的教育體系上所扮演的角色。

　　事實上，2002 年 9 月第三十四次國際專業教育人員協會（Phi Delta Kappa）與蓋洛普（Gallup）所做的「民眾對公立學校態度」（Public's Attitudes Toward the Public Schools）之民意調查發現，雖然聯邦政府投資教育的經費少於 8%，美國民眾仍然歡迎聯邦在教育上扮演的角色增加；其次，對新法中規定三至八年級學生進行評量、教師必須檢定合格，以及提供學生轉學選擇等，他們也表示明顯的支持。

　　由於「不讓孩子落後法」將全面影響美國的中小學，其重要性普遍受到關注，本文擬就它的立法過程、主要內容、聯邦推動新法的努力，以及各州推動新法的措施加以討論，期與國內教育工作者分享，並一起來思索我們的教育發展方向。

二、立法過程

　　美國總統布希 2001 年 1 月上任後，即宣布「不讓孩子落後」（No Child lefd Behind）的教改藍圖，揭示了未來的施政方向，包括：

　　1. 加強對學生成就負起績效責任——學生成就改善的州、學區及學校將予以獎勵，否則將施以懲罰，家長將充分了解他們孩子的學習狀況，學校將對三至八年級學生年度閱讀、數學測驗的成效負責。

　　2. 著重有效的教育計畫和實際措施——聯邦經費將花在有效、研究為基礎的教育計畫和實際措施上，補助係以改善學校及加強

師資素質爲目標。

　　3.減少官僚作業並增加彈性——賦予州、學區額外彈性並增加地方彈性補助款。

　　4.對家長賦權益能——家長對孩子們的學校品質有更多資訊，至於就讀長期欠佳學校的學生則給予選擇。

　　「中小學教育法」（Elementary and Secondary Education Act of 1965, ESEA）1965 年通過以來，聯邦政府雖投資近兩千億美元支援公立學校，但仍有太多貧窮孩子的課業落後，因此，布希總統的教改藍圖強調在績效責任、選擇及彈性的基礎上，呼籲進行超黨派的教育改革。美國教育部和國會參、眾兩院在將近一年的努力下，修訂通過了長達一千一百多頁的「不讓孩子落後法」，有關此一重大教育政策的立法程序，請參閱所彙整之表 1。

表 1　「不讓孩子落後法」立法程序一覽表

時　間	立　法　進　度
2001/01/23	布希總統提出不讓孩子落後教改藍圖
2001/02/16	眾議院教育暨人力委員會巡迴舉辦聽證會
2001/03/22	眾議院教育暨人力委員會向眾議院正式提出不讓孩子落後法（H.R.1）
2001/05/23	眾議院表決通過法案
2001/06/14	參議院表決通過法案
2001/07/19	參眾兩院協商委員會開始談判解決兩院法案版本之差異
2001/12/12	參眾兩院協商委員會批准協商後之法案
2001/12/13	眾議院表決通過協商後之法案
2001/12/18	參議院表決通過協商後之法案
2002/01/08	布希總統正式簽署實施「不讓孩子落後法」（Public Law 107-110）

三、主要內容

如所周知，「不讓孩子落後法」係修訂原有的中小學教育法，並將布希總統所提的改革原則與策略納入，主要內容係要求州、學區及學校負起更多績效責任，提供家長、學生特別是低成就學校的學生更大選擇，賦予各州與地方教育主管機關使用聯邦教育經費前所未有的彈性，以及特別對幼兒強調閱讀等，謹將新法的要點分別說明如後：

(一)加強績效責任

新法經由要求各州對所有公立學校和學生實施全州的績效責任制度，以強化聯邦第一章（Title I）補助計畫的績效責任（按：第一章係指聯邦對全國貧困地區學校、學生的補助計畫，為聯邦中小學教育最大的一筆投資），這些制度必須基於各州挑戰性的閱讀和數學標準，所有三至八年級學生的年度閱讀和數學評量（即從 2005 至 2006 學年度起實施），以及確保所有學生在十二年內（即 2013 至 2014 學年度結束以前）達到熟練程度的全州進步目標。

閱讀、數學評量結果和全州進步目標必須依學生的貧窮、種族、族裔、殘障及英語欠佳等狀況分別列舉，以確保沒有任何學

生群體落後。未能達到州所訂「年度適當進步」（adequate yearly progress，以下簡稱 AYP）的學區和學校，將依不同時間要求改善，施以矯正，或予以重組等措施，其目的是挽回它們並達到州所訂的學業標準，學校達到AYP的要求，或縮小各族裔學生之間的成就差距，將有資格獲得州的學業成就獎。

AYP 指的是州在達到自訂的學業標準上每年所做的進步評量，是州、學區及學校每年需要達到的最低要求。新法規定，學校連續兩年未達州所訂的 AYP，將被列為需要改革並允許學生轉學；連續三年未達到 AYP，仍列為需要改革並為社經不利的學生提供家教服務；連續四年未達到 AYP，必須進行矯正，如更換某些教職員並提供學校選擇和家教服務；連續五年未達到 AYP，則被列為需要重組而進行變革，諸如州政府接管、雇用私人管理公司、改為特許學校或大幅重組教職員。學校被評為需要改革的具體規定因時而異，請參閱表2。

由於加強績效責任是「不讓孩子落後法」中最主要的特色，為了讓讀者更深入的了解，相關規定經整理如附件以供參考。

表 2　學校改革分類表

	一所學校連續兩學年未達 AYP 之後，將被列為需要改革的對象，倘若持續未達AYP，便在分類表中進入下一「步驟」或「年」。
學校改革（第一年）	一般而言，學校被評為需要改革必須接受技術協助，讓它們明確地解決問題之所在，當學校擬訂與實施改善計畫，如評量資料分析、專業發展及資源分配改進等時，學區依規定必須提供技術協助。除此之外，必須採取以下措施： 1. 提供所有學生公立學校選擇。 2. 每一所被評為需要改革的學校必須徵詢家長、教職員、地方教育主管機關及其他專家的意見，擬訂或修正一項為期兩年的改革計畫，並送地方教育主管機關批准。改革計畫必須含括研究為基礎的策略、10%第一章（Title I）補助款指定用於專業發展、延長學習時間（含上課日或學年），以及有效促進家長參與和教學導師的措施。
學校改革（第二年）	提供來自低收入家庭的學生輔助性教育服務。地方教育主管機關繼續提供技術協助，以執行新的改革計畫，並提供公立學校選擇。
矯正措施（第三年）	矯正措施要求地方教育主管機關採取可能為學校帶來有意義改變的措施，根據個別學校的需求，地方教育主管機關依法至少採取下列措施中的一項：

（接下表）

（續上表）

矯正措施（第三年）	1.更換應負起持續無法達到 AYP 的學校教職員。 2.施行一種以科學研究為基礎的新課程（包括專業成長）。 3.大幅減少學校層級的行政權力。 4.延長上課日或學年。 5.聘用一位校外專家對學校依改革計畫努力達成 AYP 提供諮詢。 6.學校內部進行組織調整。
重組（第四年）	學校重組第一年，地方教育主管機關依法擬妥計畫並做必要的安排，以執行以下的一項選擇： 1.讓學校轉型為特許學校。 2.更換校長及教職員。 3.與經營有效的私人管理公司簽訂契約。 4.州進行接管。 5.其他學校行政管理重組的主要措施。 除此之外，地方教育主管機關持續提供公立學校選擇及輔助性教育服務。
進行重組（第五年）	進行變通的行政管理措施，在時間上不得遲於四年後新學年度的第一天。

資料來源：U.S. Department of Education (2002, July 24). *Key policy letters signed by education secretary or deputy secretary.* Retrieved November 2, 2004 from http://www.ed.gov/policy/e/sec/guid/secletter/020724. html

㈡提供家長和學生更多選擇 ✍

　　新法對於就讀未能達到州標準的接受第一章補助學校的家長，大幅增加他們選擇的機會，這項措施適用於 2002 至 2003 學年度被列為需要改善或矯正的學校上。學區必須讓就讀需要改革、矯正或重組學校的學生，有機會轉往學區內一所好的公立學校，包括公立特許學校；需要的話，學區必須至少撥用 5%第一章補助款在這項用途上。對於就讀持續辦學失敗（persistently failing）的學校（按：指過去四年至少有三年未達州標準的學校），學區必須允許低收入的學生運用第一章補助款，從家長或學生所選擇的公立或私人機構獲得輔助性教育服務（supplemental educational services），這些服務包括家教及其他措施如課後活動，且必須在正常上課日以外的時間進行。州必須建立遴選標準以核准提供輔助性服務的業者，如非營利機構（含宗教團體）、營利機構、學區、公私立學校及大專校院，業者則必須配合學生達到州挑戰性標準的需要去施教。

　　為了確保學區提供有意義的選擇，新法規定學區可運用高達 20% 第一章補助款，去提供學校選擇和輔助性教育服務給符合資格的學生，除確保學生不致陷於失敗學校中而失去接受良好教育的機會，學校選擇和輔助性教育服務提供低成就學校相當大的改革誘因，學校想避免學生流失必須進行改革，或學校有五年未能達到「年度適當進步」的要求，會在再造的計畫下面臨重組的危機。

㈢賦予州、學區和學校更大的彈性 ✐

「不讓孩子落後法」的一項主要目標，是在「彈性換取績效責任」（flexibility for accountability）的協議中注入新的生命力，此一協議在老布希總統 1989 年與州長們所召開的歷史性教育高峰會中已初步達成，先前賦予彈性的努力重在補助計畫規定的豁免，新法進一步給予各州與學區使用聯邦教育經費前所未有的彈性，以換取爲結果負起更多的績效責任。

新法中的彈性條文包括賦予州和學區權力，它們得以在州所得四大補助計畫下，轉移達 50%的州補助款經費至其中任何一項或第一章，包含有教師素質、教育科技、改革計畫及安全無毒品校園。新法也包括一項州彈性示範方案（State Flexibility Demonstration Program），允許七個州整合幾近所有的聯邦補助款，同時提供州在使用第五章改革款項的額外彈性，參與的州必須與教育部長達成五年績效協議，包含整合經費的使用，可以用在法案所規定的任一教育目的，作爲它們計畫的一部分，州也必須與十個學區達成績效協議，學區在分別的「地方彈性示範方案」（Local Flexibility Demonstration Program）下，享有同等的彈性。

除了州彈性示範方案下共計七十個學區外，新而具有競爭性的地方彈性示範方案，允許達八十個學區去整合前述四大補助計畫下的經費，參與的學區與教育部長達成績效協議，並能夠將整合的經費用於法案授權的教育目的。

㈣將閱讀列為第一優先 ✐

　　新法明示布希總統確保每一個孩童在三年級結束之前能夠閱讀的決心，爲達成這項目標，新的「閱讀第一」（Reading First）方案在低年級階段，大幅增加聯邦在科學爲基礎的閱讀教學上的投資。這項措施的一項主要益處是，由於幼年缺少適當閱讀教學而被列入特教服務的孩童減少了。

　　新法充分執行總統的「閱讀第一」方案，新的「閱讀第一州補助款」（Reading First State Grant）提供州六年補助經費，再由州分配提出競爭性補助款給地方社區，最後由地方對一至三年級學生篩選診斷出有閱讀失敗危機的學生，以及在閱讀教學基本內容上，對幼稚園至三年級的教師提供專業發展的機會。

　　新的「閱讀第一」方案提供學區競爭性的六年獎助，以支援學齡前兒童的早期語言、識字及閱讀發展，特別是來自低收入家庭的兒童，接受獎助者將採用「科學研究爲基礎」（scientifically based research）的閱讀教學策略和專業發展方案，以幫助兒童習得未來閱讀發展所需的基本知能。

㈤其他主要教育計畫的改變 ✐

　　新法也將績效責任、選擇及彈性的原則納入其他重新授權的中小學教育計畫，例如，新法將艾森豪專業發展（Eisenhower Professional Development）及降低班級規模（Class Size Reduction）兩項計畫合併爲新的「州教師素質補助計畫」（Teacher Quality

State Grants），新計畫著重以科學研究為基礎的實用知識去培訓、召募高素質的教師，新計畫賦予州及學區彈性去選擇最能達到它們教學改善所需的策略，而這些教學改善有助於提升學生主要學科的學習成就。為了換取這個彈性，學區必須展現每年的進步狀況，並確保所有教師未來四年內（即在 2005 至 2006 學年度結束以前）在其任教科目上是高素質的（highly qualified）。

其次，新法也將只有若干學校中極少數英語能力欠佳學生受益的雙語及移民教育補助款，結合成一項州的補助計畫，簡化聯邦對英語教學的支持，新的補助計畫將協助各州和學區進行所需的整體規畫，以確保所有英語能力欠佳的學生受益，幫助他們學習英語並與其他學生一樣達到高的學業標準。

其他改變將協助州和學區維護校園安全和防治毒害的努力，同時確保學生（特別是那些曾經是暴力犯罪受害的學生）不再身陷於持續有危險（persistently dangerous）的學校，正如新法所規定，州必須容許就讀於持續有危險學校或是校園暴力受害的學生轉學，必須公布校園安全統計資料，以及學區必須使用聯邦安全與免於毒害學校及社區（Federal Safe and Drug-Free Schools and Communities）的補助款，去實施實證有效的毒品和暴力防治計畫。「持續有危險」的定義係由各州會同學區自行決定，不必報教育部核定。

正如各州教育協會（Education Commission of the States, ECS）所言，「不讓孩子落後法」伴隨新的規定、誘因和資源，對各州帶來巨大的挑戰。它對各州擴大學生評量的範圍與次數、革新績效責任制度，以及確保每一教室有合格教師訂定完成的期限，它要求各州每年在提高學生閱讀、數學成就的比例，以及縮

小社經地位有利與不利學生之間的成就差距上，展現可以看得見
的進步，而且它敦促各州多利用以研究為基礎的策略去改善學校
和學生的表現。

不過，新法也提供各州很多資源和機會，首先，聯邦花在中
小學教育的經費將大幅增加，2003 會計年度聯邦教育經費為二百
六十四億美元，比前一年一百八十五億美元增加了 20%，未來五
年每年約有十億美元補助各州與學區，加強幼稚園至三年級的閱
讀教學，並對課後輔導、特許學校、貧困地區幼兒閱讀準備計畫
等提高補助。聯邦將在若干教育計畫上，賦予各州與學區使用補
助款的額外彈性，包括教師專業發展和教育科技，而且新法最大
的補助計畫第一章也經修訂增加貧困學區的財務支援。

四、聯邦推動新法的努力

美國教育部為了推動「不讓孩子落後法」的改革措施，一年
多來擬訂相關施政計畫，辦理全國巡迴宣導活動，舉辦相關會議
與各州溝通，成立特別中心傳播新法資訊，以及設置「不讓孩子
落後」服務專線（888-814-NCLB）、專屬網站（www.nclb.org）、
識別系統以及每月電子通訊（Achiever）等。

該部 2002 年 3 月擬訂未來五年的施政計畫（2002-2007 Stra-
tegic Plan），提出六大策略性目標，如「營造成就文化」（Create
a Culture of Achievement）、「改善學生成績」（Improve Student

Achievement）、「將教育轉變為實證為基礎的領域」（Transform Education into an Evidence-based Field）等，也充分將新法的重點融入。以「營造成就文化」的策略目標而言，該部將經由新法的推動，在全國教育體系中營造一種成就的文化，並將聯邦的教育計畫奠定在新法的四項改革準則上，即績效責任、彈性、擴充家長選擇與推動實證有效的教育方式（doing what works）。

Rod Paige 教育部長為向全國家長傳達新法的訊息，並尋求他們參與及支持學校改革，4 月至 9 月走訪全美二十五個城市並發表演說，從事所謂的「不讓孩子落後的橫越美國之旅」（No Child Left Behind Tour Across America），並分送家長「不讓孩子落後」資料袋，內含互動式磁碟片及 "What to Know and Where to Go" 宣導小冊。

為了提升教師素質以符合新法的要求，該部 6 月間舉辦首次「教師素質評鑑會議」（Teacher Quality Evaluation Conference），Paige 部長依據剛出爐的全國教師素質研究報告——「配合高素質教師之挑戰」（Meeting the Highly Qualified Teachers Challenge），向各州提出大幅改革教師檢定制度的呼籲，即提高任教學科檢定考試的標準，以及降低阻礙尋求教職優秀人選的門檻（意指降低教師檢定中方法和教育理論課程的要求）。

Paige 教育部長 7 月底宣布新的「不讓孩子落後——模範學校遴選辦法」（No Child Left Behind – Blue Ribbon Schools Program），受到表揚的公私立學校必須反映高學業標準和績效責任的全國教改目標，這些學校必須在各州的學業測驗上排名前 10%，或至少有 40% 社經不利的學生但學業成就有顯著進步。新的遴選辦法規定中小學將每年接受表揚，一改以往中小學隔年輪流接受

表揚的作法。

「不讓孩子落後：桌上型參考手冊」（No Child Left Behind: A Desktop Reference）在 10 月出版，一一就施政計畫說明新法的改革內容，俾提供全國教育工作者、學校行政主管及決策者參考。2003 年 6 月教育部出版「不讓孩子落後：家長參考手冊」（No Child Left Behind: A Parents Guide），向家長扼要說明不讓孩子落後法的要點，回答共同的問題，並告知何處尋找更多資料；9 月間教育部出版「不讓孩子落後：教師參考手冊」（No Child Left Behind: A Toolkit for Teachers），幫助教師了解不讓孩子落後法有關規定。

據了解，各州期盼及早知道「不讓孩子落後法」實施的作業規定並據以遵循，美國教育部從 2002 年 2 月起積極就新法的主要規定加以釐清，7 月公布標準和評量的作業規定草案，8 月公布新法第一章主要部分的作業規定草案，從績效責任到教師素質等，也擬訂額外但不具法規性質的政策指南。由於學校選擇方面的新規定將於 2002 年秋天開始實施，Paige 教育部長 6 月致函州與地方教育主管說明具體作法。

其次，新法規定各州必須在 2003 年初之前，向美國教育部提出它們「年度適當進步」的定義，各州對如何界定這樣的績效責任普遍感到挫折，於是 Paige 教育部長在 7 月特別致函州與地方教育主管做進一步釐清。不過，「不讓孩子落後法」最後版本的作業規定，遲至 2002 年 11 月才由教育部公布施行。

其中頗具爭議的是，就讀於被認定為績效不佳學校的學生，必須提供他們轉往較好學校的機會，無論那些學校是否已經額滿，此一新規定要比預期的嚴謹，將迫使許多學區為打算從辦學欠佳

學校轉出的學生找到替代的地方而傷腦筋。新規定並未協助學區採取具體的解決之道，該部主管官員於記者會中表示，學區可考慮與附近的學區簽約接受轉學的學生，聘用更多教師，或在辦學成功的學校增建教室。

　　教育部 12 月間公布「不讓孩子落後法」中，公立學校選擇及輔助性教育服務等兩項指南（guidance），前一項指南處理有關學校選擇規定的六十七種問題，諸如提出選擇的時間與期限、學生的資格何時及如何告知家長，與反種族隔離的命令潛在衝突；後一項指南處理五十七種問題，諸如尋找批准及監督輔助性服務業者、安排服務（釐清地方學區和家長的角色）。

　　2003 年 9 月，Paige 教育部長宣布不讓孩子落後教育改革法的一項新條文，賦予學校在殘障學生達成法令規定的要求更大彈性，在新條文之下，州、學區及學校將有彈性基於參加另類成就標準的評量，去計算嚴重認知殘障學生的學習成就，全國有 9% 的學生接受特殊教育，其中約有 9% 是嚴重認知殘障者。

　　最後要提的是，使用經研究證實有效的策略去進行改革，也是「不讓孩子落後法」的重要規定，美國教育部已於 2002 年 8 月宣布撥款委外成立「有效策略資料中心」（What Works Clearinghouse），為期五年，該資料中心將提供決策者具有最佳科學研究導引的決策。新法多次提及「科學為基礎的研究」一詞，係指研究運用有系統、嚴格和客觀步驟去獲得與教育活動和計畫有關的可靠知識，以及包括研究：

　　1. 採用有系統、實證的方法於觀察或實驗上。

　　2. 進行適於驗證假設及結論的嚴格資料分析。

　　3. 仰賴提供有效可靠資料的測量或觀察方法，在評鑑者及觀

察者、多重的測量與觀察,以及相同或不同研究人員的研究之間。

4.是用實驗或準實驗設計去評估,在設計中的個人、團體、計畫或活動被分派至不同情況,並利用適當控制、隨機分派實驗,或那些包括情況內或情況間控制的設計等去評估特定狀況的影響。

5.確保實驗研究能夠詳細而清楚地敘述以利複製,或至少提供機會有系統地利用它們的研究發現。

6.已經為同行評審的期刊所接受,或為一組超然的專家藉由嚴謹、客觀及科學化的評審所認可。

不過,誰來決定何者屬於科學為基礎的研究?是否有足夠的好研究可供學校利用?以及聯邦政府能夠強力執行學校僅使用研究為基礎的計畫與實施嗎?這些都是值得思考的問題。

雖然如此,新法強調聯邦教育計畫之實施須以科學為基礎的研究為依歸,已促使眾議院於 2002 年 4 月表決通過「教育科學改革法」(Education Sciences Reform Act of 2002, H.R. 3801),布希總統也於 11 月簽署該法案,該法案將教育部所屬一級單位「教育研究改善司」(Office of Educational Research and Improvement)升格為新而更獨立的教育科學院(Institute of Education Sciences),由院長辦公室及國家教育統計、國家教育研究及國家教育評鑑暨區域協助等三個中心所組成,院長一職任期為六年。

教育科學院是美國教育部的研究單位,它的主要任務是在教育現況、改革學習成就的實際以及有效的聯邦和其他教育計畫等方面,去推廣知識及提供資訊,它的目標是將教育轉變成實證為基礎的領域,讓決策者在採取影響眾多學生的計畫或實際措施之前,能夠掌握最好的研究與資料。

為配合現階段的教育改革,教育科學院 2004 年 2 月宣布在未

來五年成立新一代的全國教育研究中心之計畫，9 月公布第一次
獲選的名單，包括范德比爾特（Vanderbilt）大學等三校，這三所
全國教育研究中心分別探討學校選擇、鄉村教育及改善低成就學
生的表現。教育部總計將成立八所新一代的研究中心，以取代以
往較大型的十所全國教育研究中心。

五、各州推動新法的措施

「不讓孩子落後法」通過施行之後，中小學教育變革的幅度
大增，為各州帶來前所未有的挑戰。各州依據教育部的相關作業
規定、函釋以及政策指引，草擬重大變革的實施辦法，諸如建立
全州的績效責任制度、界定年度適當進步、界定閱讀與數學的熟
練（proficiency）標準、實施三至八年級學生閱讀與數學測驗、確
保高素質教師、提供學生轉學選擇，及界定持續有危險的學校等，
以下舉例說明若干州推動新法的措施。

新法規定各州實施學校和學區的績效責任制度，以確保所有
孩子在州的學業評量上達到熟練或熟練以上的程度，新法也要求
各州採取許多具體行動，包括擬訂一項十二年內達到前述目標的
年度進步時間表。

紐約州教育廳基於以上規定，修訂原有的「學生成就績效責
任制度」（System of Accountability for Student Success），並提出
配合新法的「績效責任制度概念性架構」（Conceptual Framework

for School Accountability Under NCLB），該廳公開向地方教育理事會、教育總監、家長等徵詢意見，向州主管機關報核後，並依規定期限於 2003 年 1 月以前呈報教育部。

新法規定各州必須建立高素質教師的明確資格，伊利諾州教育理事會批准落實高素質教師有關規定的綱要，一般而言，只要個人通過幼教、特教、小學或中學的檢定標準，持有證書，並在相當的科目、年級任教，便符合高素質教師的定義；而且明訂所有主要學科的教師必須於 2005 至 2006 學年度結束以前，具備高素質教師的資格。

肯塔基州教育廳宣布了輔助性教育服務業者的遴選標準，它也是新法規定的改革項目之一，前項遴選標準規定申請者的資格條件，個人、團體或機構必須：

    *1.*有可考的效率記錄，即有高的機率提高學生學業成就。

    *2.*提供與州學業標準一致的輔助性教育服務。

    *3.*實施研究爲基礎的教學方法，高品質且能增進學生成就。

    *4.*遵守聯邦、州及地方有關衛生、安全和民權的規定。

    *5.*提供世俗、中性及沒有意識形態的教學與內容。

    *6.*以家長能夠了解的方式，提供孩子學習進步的資訊。

    *7.*財務健全。

    *8.*基於學校的上課日所教授的內容進行教學。

馬里蘭州宣布建構全新的閱讀與數學測驗——「馬里蘭州學校評量」（Maryland School Assessment），並於 2003 年 3 月實施，全州三、五、八年級的學生施以閱讀、數學測驗，同時十年級則施以閱讀測驗，「馬里蘭州學校評量」提供全校性的進步評量，也提供個別學生的分數，這正是新法所規定的。

　　另外，新法規定所有學生的閱讀和數學在 2013 至 2014 學年度結束以前達到熟練的程度，有許多州為因應這項壓力，分別調降閱讀與數學的熟練標準。例如，在路易斯安那州，學生在州測驗上達到基本程度便算是新法的熟練程度；在科羅拉多州，學生在州測驗上達到部分熟練的程度便視同新法的熟練程度。

　　以上係分析美國聯邦及各州一年多來推動「不讓孩子落後法」的努力與措施，面對績效責任要求提高等各種挑戰，聯邦及各州未來尚須努力之處仍多。還好，美國教育專業組織如各州教育協會、各州教育主管協會（CCSSO）、《教育周刊》（*Education Week*）等全力配合新法的宣導、研究與推動，應有助於「不讓孩子落後法」目標之達成，茲以幫助各州制定教育政策的各州教育協會為例說明。

　　該協會配合設置資訊豐富的「不讓孩子落後」專屬網頁，利用 2002 年 7 月全國教育政策論壇（National Forum on Education Policy）與各州州長、教育主管等研討新法的實施，並對七種全州績效責任模式進行研究提出報告。

　　該協會另獲得美國教育部的補助，於 2003 年年初建立「各州教育協會不讓孩子落後法資料庫」（www.ecs.org/NCLBdatabase），利用各種方法蒐集資料，包括網路上州議會及州教育廳網站以及各州的文件，追蹤各州推動新法改革的努力，如教師素質、績效責任、閱讀及學校選擇等。2004 年 2 月發表「各州教育協會對全國之報告：州執行不讓孩子落後法現況」（ECS Report to the Nation: State Implementation of the No Child Left Behind Act），這一份重要報告在四十項指標上報導各州的實施成果、州內與各州的趨勢、各州面臨的問題與挑戰以及相關建議。

六、結語

　　無疑的，「不讓孩子落後法」將美國中小學教育帶向一個新紀元，有關規定如建立全州的績效責任制度、界定年度適當進步、實施三至八年級學生閱讀及數學測驗、界定閱讀與數學的熟練、確保高素質教師，以及在教育上採用科學證實有效的計畫與方法等，為聯邦政府推動績效責任的具體作為；然而，新法賦予州、學區和學校更大的彈性，以換取更多的績效責任，也提供家長、學生更多選擇的機會，如轉學及輔助性教育服務，這種「一面緊、一面鬆」的改革策略，與以往教育學者專家的看法不謀而合。

　　反觀我們的教育改革，是從鬆綁切入，加上教育基本法的頒布，確實為當前的教育帶來彈性、多元和選擇的新氣象。不過，教育的最終目標仍以學校的辦學績效和學生的學習成效為依歸，國內似有必要建構適合於我們的教育績效責任機制，以促進教育的進步與發展。在這一方面，美國「不讓孩子落後法」似乎值得我們借鏡。

參考文獻

Committee on Education and the Workforce (2002). *Press releases — 107th Congress.* Retrieved September 12, 2002 from http://www.

edworkforce.house.gov/press/pressindex.htm

Committee on Education and the Workforce (2002). *Bill summary —
H.R. 3801: The Education Science Reform Act.* Retrieved May 17,
2002 from http://edworkforce. house.gov/issues/107th/educa-
tion/oeri/billsummary.htm

Education Commission of the States (2002). *No child left behind.* Re-
trieved September 6, 2002 from http://www. ecs.org/html/issue.
asp? issueid=195

Education Week (2002, January 9). *An ESEA primer.* Retrieved January
11, 2002 from http://www.edweek.org/

Hoff, D. J. (2002, October 9). States revise the meaning of "profi-
cient". *Education Week.* Retrieved October 11, 2002 from http://
www.edweek.org/

Illinois State Board of Education (2002, September 19). *State board
approves "highly qualified" teacher definition.* Retrieved Octo-
ber 6,2000 from http://www.isbe.state.il.us/news/2002/sept18-
02b.htm

Kentucky Department of Education (2002, September 12). *NCLB
school improvement requirements outlined.* Retrieved October 6,
2000 from http://www.kde.state.ky.us/comm/mediarel/02r044.
asp

Maryland State Department of Education (2002, September 18). *New
test for Maryland students will be administered next March.* Re-
trieved October 13, 2002 from http://www. msde. state.md.us/
pressreleases/2002/September/2002-0918.htm

New York State Education Department (2002, September). *Implementing a system of accountability for student success to meet the requirements of NCLB.* Retrieved October 6, 2002 from http://www.emsc.nysed.gov/deputy/nclb/nclbaccountability.htm

Olson, L. (2002, August 7). *Long-awaited ESEA rules are released.* Retrieved August 12, 2002 from http://www.edweek.org/

Olson, L. & Viadero, D. (2002, January 30). Law mandates scientific base for research. *Education Week.* Retrieved February 5, 2002 from http://www.edweek.org/

Robelen, E. W. (2002, January 9). ESEA to boost federal role in education. *Education Week.* Retrieved January 11, 2002 from http://www.edweek.org/

Robelen, E. W. (2002, January 10). Department seeks to clarify ESEA school choice mandates. *Education Week.* Retrieved January 12, 2002 from http://www.edweek.org/

Robelen, E. W. (2002, October 23). Unsafe label will trigger school choice. *Education Week.* Retrieved October 24, 2002 from http://www. edweek.org

Rose, L. C. & Gallup, A. M. (2002). The 34th annual Phi Delta Kappa/ Gallup Poll of the public's attitudes toward the public schools. *Phi Delta Kappa.* Retrieved September 5, 2002. from http://www.pdkintl.org/Kappan/k0209.htm

Schemo, D. J. (2002, November). New federal rule tightens demands on failing schools. *Education Week.* Retrieved December 12, 2002 from http://www.edweek.org/

U.S. Department of Education (2002). *The No Child Left Behind Act of 2001-executive summary.* Retrieved March 16, 2002 from http://www.ed.gov/offices/OESE/esea/exec-summ.html

U.S. Department of Education (2002, August 7). *U.S. Department of Education awards contracts for What Works Clearinghouse.* Retrieved September 3, 2002 from http://www.nclb. org/ media/news/080702.html

U.S. Department of Education (2002, July 28). *Paige announces new "No Child Left Behind — Blue Ribbon Schools" program.* Retrieved September 3, 2002 from http://www.ed. gov/ PressReleases/07-2002/07282002.html

U.S. Department of Education (2002, July 29). *School improvement options.* Retrieved August 6, 2002 from http://www.ed.gov/ News/Letters/020724.html#chart

U.S. Department of Education (2002, June 11). *Paige releases report to Congress that calls for overhaul of state teacher certification systems.* Retrieved July 16, 2002 from http://www.ed.gov/PressReleases/06-2002 /06112002.html

U.S. Department of Education (2002, July 29). *The Achiever.* Retrieved August 6, 2002 from http://www. nclb.gov/Newletters/index. html

U.S. Department of Education (2002, November). *About the Institute of Education Sciences.* Retrieved October 18, 2004 from http://www.ed.gov/about/offices/list/ies/index.html

U.S. Department of Education (2002, August 7). *Use of research-pro-*

ven strategies is one of key principles of No Child Left Behind. Retrieved September 12, 2002 from http://www.nclb.org/media/news/080702.html

U.S. Department of Education (2002, March 7). *Strategic plan, 2002-2007*. Retrieved March 15, 2002 from http://www.ed.gov/pubs/stratplan2002-07/index.html

U.S. Department of Education (2002). *Highlights of Secretary Paige's 25-city no child left behind tour across America.* Retrieved October 4, 2002 from http://www.nclb. gov/media/news/nclb-tour.html

U.S. Department of Education (2002, October 21). *Education department offers desktop reference to no child left behind.* Retrieved October 24, 2002 from http: //www. ed.gov/PressReleases/10-2002/10212002.html

附件：「不讓孩子落後法」加強績效責任的內容重點

1. 為所有學校、學區建立單一的全州性績效責任制度。
2. 至少在學業表現上界定三個等級：基礎、熟練及進階。
3. 建立州學生學業表現在 2013 至 2014 學年度前達到熟練或進階程度的時間表。
4. 界定州可測量的年度目標，這個目標是將數學和閱讀／英語分別訂定，適用於所有學校和學區，找出學生必須達到熟練或熟練以上的單一、最低百分比，以及確保所有學生在十二年內達到熟練或進階程度。

5. 使用以下的評量去要求學校、學區負起績效責任：在小學階段是閱讀及（或）英語、數學、科學及州決定的一種其他測量；在國中階段是閱讀及（或）英語、數學、科學及州決定的一種其他測量；在高中階段是閱讀及（或）英語、數學、科學及畢業率。其中，科學從 2007 至 2008 學年度才開始實施。

6. 規定州 2005 至 2006 學年度開始，每年評量所有三至八年級的學生的閱讀／英語和數學。

7. 確立可測量的年度目標，好讓所有學校及學生群體能夠達到，並於 2013 至 2014 學年度達到百分之百熟練的程度。

8. 依據法令所規定的方法，使用 2001 至 2002 學年度的資料去建立評估達到標準的學生百分比的起點。

9. 年度目標分別適用於以下的群體：所有學生、每一個主要族裔學生、社經地位不利學生、殘障學生及英語能力欠佳學生。標準必須適用於有足夠學生的每一個群體，以確保學生不被個別點名，和對每一個群體所訂的目標在統計上是可靠的。

10. 一個學生群體可視為達到 AYP，倘若該群體與前一年比較，表現低於熟練程度的學生人數減少 10%，以及該群體在一項或一項以上的指標有所進步，包括達到最少有 95% 學生參加州評量的規定。

11. 發展所有學校和學區為所有學生的表現負責的機制，包括提供英語能力欠佳及殘障學生變通的評量措施。

12. 規定州對已在美國連續就學三年的英語能力欠佳學生實施一般性的州英語評量。

13. 學生就讀某一學校、學區未滿一學年，免予對這些學生的表現負起績效責任。

14. 實施評量之後，必須在下學年開學之前對績效責任做出決定。

15. 按不同學生群體公布閱讀與數學的學校成績報告單，報告單必須於新學年開始之前發出。

16. 規定州參加四、八年級閱讀與數學的全國教育進步評量（NAEP）。

17. 規定學校、學區連續兩年未達 AYP，視同需要改革的學校、學區；若學校、學區連續兩年達到 AYP 之後，則免被視為改革或矯正措施。

18. 規定公立學校選擇、輔助性教育服務、矯正措施及學校管理變革必須依新法所訂的時間表實施。

19. 擬訂一套辦法找出持續有危險的學校，家長可據此安排他們的孩子轉學。

20. 建立一套制度去獎勵學業表現達到州的 AYP，或在縮小成就差距上有顯著的成效。

教師素質與學生成就

一、前言

　　教育信託基金（The Education Trust）於 2004 年 2 月發表《教師真正的價值：運用教師效能新資訊以縮小成就差距》（*The Real Values of Teachers: Using New Information about Teacher Effectiveness to Close the Achievement Gap*）的研究報告。該基金會指出：當前各州、學區與學校在提高所有學生成就，以及縮小不同族裔學生

之間的歷史性差距，正面臨空前的壓力，倘若各州能夠採用完整的機制去評量和改善教師素質，並適當地把最有效能教師分派給最有需要的學生，那麼以上的兩項目標是可以實現的。讓最有效能教師幫助最有需要學生的理念具有很大效用，它幾乎是改革教育各層面的觸媒劑，好教師能夠縮小成就差距，只要我們能夠找出他們並讓他們適得其所去工作。

前述報告之所以提出以上的政策主張，是基於美國過去教師效能的研究結論。的確，提高學生成就以及縮小成就差距，是美國當前推動教育改革法的優先事務，引起筆者探討此一主題的動機，盼藉此機會將教師效能相關的研究與分析，介紹給國內教育工作者參考。

二、貧窮與族裔背景非決定因素

長久以來，教育工作者及社會大眾對貧窮和少數族裔學生的成就，被不停地散布同樣的信息，那就是由於貧困及其他環境因素，這些學生入學時就落於其他學生之後，當他們逐年念下去，差距增加更使他們進一步落後，於是他們所得的結論不外乎是，學校教育無法產生很大的改變。很多時候，我們受到「柯爾曼報告」（Coleman Report）的影響以及主張什麼都無用的研究者所包圍，事實上，近年來許多大規模的研究告訴我們，教育所做的至為重要，學校特別是教師確能為學生的學習成就帶來差異，以

前的教育研究者只是沒有評量變項的最好方法罷了。

教育信託基金的研究報告──《教育觀察》（*Education Watch: The Education Trust National and State Data Book*），記載了低標準、低層次的課程及未受良好訓練的教師與學生成就不佳之間的明確關係，倘若各州與地方學區在這三項課題上全力以赴，便能夠縮小成就差距。

加州太平洋研究所（Pacific Research Institute）附屬學校改革中心（Center for School Reform）2002 年 9 月發表《它們克服了困難：加州高貧困、高成就的學校》（*They Have Overcome: High-Poverty, High-Performing Schools in California*）的研究報告指出，低收入和多元族裔的學校經由證實有效的教學法獲得成功，並克服加州學生整體的低成就水準。

學校改革中心主任 Lance Izumi 表示，「這項研究證實貧困和少數族裔不是達到卓越的障礙，當我們開始做研究時，並不知道這些成功的低成就學校採用何種課程，但當我們發現它們採用教師為中心的教學方法時，我沒有感到驚訝，因為那些教育計畫已證實是成功的」。

研究報告發現，就教學方法而言，直接教學法，或稱教師為中心的教學法，在加州低收入、少數族裔學生的小學的閱讀教學上產生很好的成效，也許是社經地位不利兒童平日所接受的文化刺激和學習機會較少，若經由直接教學的方式，進行有組織的、按部就班的閱讀教學，比較能夠提升他們的學習成就。

既然近年來很多研究顯示，貧窮與族裔背景不是決定學生成就的主要因素，學校教師才是最重要的，只要我們能採取措施，確保貧窮及少數族裔孩子與其他孩子有同樣素質或更好的教師，

自然能夠縮小彼此之間的成就差距。

　　本文將從美國教師效能的研究與分析報告，逐一探討教師素質與學生成就之關係、教師效能構成的因素、優良教師分配不均衡的問題，以及確保高素質教師的策略等；最後，則扼要介紹教師效能研究所帶來的影響。

三、教師素質與學生成就之關係

　　家長早就知道教師很重要，這是有辦法的家長想盡辦法讓孩子受教於最好的教師，較無能力家長的孩子時常受教於最差教師的部分原因。教育工作者通常反對這些觀念，當家長提出孩子換班或分給某位教師的要求時，大部分校長會勸他們不必過慮，並說他們的孩子會從任何一位教師那裡學到應學的知能。然而，過去十年田納西州等的研究證實家長是正確的，他們未必知道什麼樣的教師是最好的，但是，他們對孩子從某些教師學得多及從某些教師學得少的看法，則是絕對正確的。

　　田納西州是少數擁有可能將教師與學生成就資料連結的州之一，而且該州評量學生成就的加值方法（value-added）允許觀察者看到某一學年學生所獲得的進步。田納西大學諾克斯維爾（Knoxville）校區加值研究暨評量中心（Value-Added Research and Assessment Center）主任 William Sanders 已廣泛地研究這些資料，基於對學生學習進步的影響將教師分為五個等級（quin-

tile），他的研究能讓我們探討教師效能對不同形態學生的影響，
如表 1 所示，從低成就學生到高成就學生，平均而言，最低效能
教師（Q1）在學年中造成約 13.8 百分位的得分，相對地，最高效
能教師（Q5）則造成約 53 百分位的得分。

表 1　教師效能對五年級學生數學成就之影響

教師效能分組 (quintile)	學校系統 A	學生成就分組——低到高			
		650-699	700-749	750-799	800-849
Q1	平均成就	13.8	14.3	4.8	2.2
	學生人數	109	277	83	9
Q2	平均成就	23.5	20.9	18.5	13.4
	學生人數	95	347	122	9
Q3	平均成就	36.3	26.4	25.4	10.7
	學生人數	82	302	139	15
Q4	平均成就	29.1	29.5	23.7	10.5
	學生人數	46	272	245	38
Q5	平均成就	53.0	37.9	33.3	25.0
	學生人數	47	220	247	89

資料來源：Sanders, W. & Rivers, J. (1996). *Cumulative and residual effects of teachers on future student academic achievement.* Retrieved November 5, 2004 from http://www.mccsc.edu/~curriculum/cumulative%20 and %20residual%20effects%20of%20teachers.pdf

田納西州的資料也在中等成就和高等成就學生中顯示相當的差異，例如，在最低效能教師的教導下，高成就學生平均只進步2.2 分，但在最高效能教師的教導下，則平均進步 25 分；其次，在最低效能教師的教導下，中等成就學生平均只進步 9.6 百分位分數，但在最高效能教師的教導下，則平均進步35.6百分位分數。

從田納西州的研究證據顯示，教師的影響是長遠的，即使兩年後，五年級學生的表現仍然受到他們三年級教師品質的影響。如同 Sanders 指出，由於教師分派的結果，原來不相上下的學生的學業成就產生很大差異，差距達 50 百分位分數是令人驚訝的。

德州方面的研究顯示，不同素質教師所教學生的成就有類似差異，採用 Sanders 的技術，達拉斯獨立學區的研究者完成第一次教師對學生評量表現影響之研究。在分享研究發現時，該學區教學研究執行主任 Robert Mendro 表示，「最讓我們驚訝的是影響的規模，例如，一群受教於三位高效能教師的四年級學生的平均閱讀分數，從四年級的第 59 百分位增加到六年級結束時的第76 百分位；一群相當類似的學生被三位沒有效能的教師教導，則從四年級的第 60 百分位退步到六年級結束時的第 42 百分位，這樣超過 35 百分位分數的差距對起步時大致相同的學生而言，是相當大的。教師效能在數學上的影響也很明確，例如，達拉斯一組剛上三年級的學生，在三位高效能教師教導下，數學平均成績約為第 55 百分位，五年級結束之前達到第 76 百分位；相對地，另一組學業成績稍高的三年級學生，平均分數在第 57 百分位，持續被三位最低效能教師所教，結果五年級結束時的成績跌至第 27 百分位。此時，剛上三年級成績幾乎相同的這些學生，在三年後的差距已達 50 百分位分數」。

　　波士頓公立學校正視影響學生學習的因素，包括任教教師的效能，貝恩公司（Bain and Company）為該學區所做的研究顯示，高中教師與學生數學、閱讀成績的進步有相互關係。研究者探討波士頓公立學校平均分數幾乎相同的十年級學生的班級，並記錄這些班一年來由教師所造成的進步，差異是很大的。在閱讀方面，他們發現雖然最佳三分之一的教師所教的學生成績略低於全國進步的中數（平均 5.6 與 8.0 之對比），但最差三分之一教師所教的學生成績實質上並無進步（0.3）。數學成績更令人訝異，最佳三分之一教師所教學生的平均成績超過全國的中數（14.6 與全國平均 11.0 之對比），而最差三分之一教師所教的學生成績實質上並無進步（-0.6），整體而言，波士頓公立學校最佳三分之一教師所造成的學習是最差三分之一教師的六倍，正如一位校長所說，「我的學校有三分之一的教師不應該擔任教職」。

四、教師效能構成的因素

　　雖然以上的研究並沒有進一步找出構成有效教師的因素，不過其他研究人員已利用德州教師與學生的廣泛資料，去分析教師特質對學生成就的影響，結合了阿拉巴馬州及北卡州的研究所得，此一研究幫助吾人深入了解教師效能的問題，歸納言之，構成有效教師的因素有三點：

㈠扎實的語文和數學技能
（Strong Verbal and Math Skills）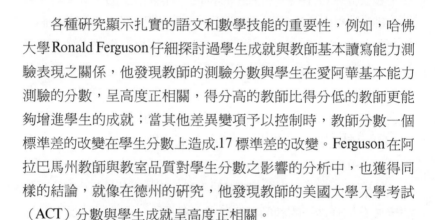

　　各種研究顯示扎實的語文和數學技能的重要性，例如，哈佛大學 Ronald Ferguson 仔細探討過學生成就與教師基本讀寫能力測驗表現之關係，他發現教師的測驗分數與學生在愛阿華基本能力測驗的分數，呈高度正相關，得分高的教師比得分低的教師更能夠增進學生的成就；當其他差異變項予以控制時，教師分數一個標準差的改變在學生分數上造成.17 標準差的改變。Ferguson 在阿拉巴馬州教師與教室品質對學生分數之影響的分析中，也獲得同樣的結論，就像在德州的研究，他發現教師的美國大學入學考試（ACT）分數與學生成就呈高度正相關。

㈡深入的學科內容知識
（Deep Content Knowledge）

　　相當多的研究顯示，教師的學科內容知識對學生的學習效果是十分重要的，特別在國中與高中階段，有關資料在數學和科學上特別顯著，這方面主修的教師比非主修的教師造成更高的學生成就。

　　Dan Goldhaber 及 Dominic Brewer 使用 1988 年全國教育縱貫研究（National Educational Longitudinal Study）的資料探討此一相關，他們發現教師的學位與學生技術科目的成就有相當的正相關，他們的結論是，在數學和科學上，教師學科知識是決定十年

級學生成就的重要因素。不過,在英語與社會研究上,有關資料並未清楚顯示,受教於主修這些學科教師的學生比受教於非主修這些學科教師的學生持續有較好的表現,然而,其他證據顯示這兩種領域的內容並非較不重要。例如,夏威夷州的一項研究要社會科教師評估他們自己對不同歷史階段的了解層次及教學方法,之後再比較教師專業知識與學生成就,結果並不令人感到訝異,兩者之間很一致,也就是學生在教師具備最多專業知識的部分表現最好。

(三)教學技巧(Teaching Skill)

學科內容知識對有效教學真的夠嗎?很顯然的並不夠。吾人只要待在大學一段時間,便可體會博士學位所具備的深入學科知識不見得能帶來有效的教學。我們所分析的大規模研究在找出量化教學知識的方法沒有特別幫助,完成的教育課程、高的教育學位、檢定考試中專業知識的成績、年資,似乎沒有一項與學生成就有明確的關係,或許全國專業教學標準委員會(National Board for Professional Teaching Standards)持續進行的工作,或卡內基教學促進基金會(Carnegie Foundation for the Advancement of Teaching)Lee Shulman 所做的,將增進我們對教學知識與技能的了解。

同時,我們建議教育領導者不要偏離的是,有相當多的證據顯示,深入的學科內容知識及扎實的語文技巧在教學上的重要性。至少,我們已有足夠的了解去引起人文、科學領域的教授注意這個問題,他們畢竟是負責培養未來教師的學科知識與語文技巧,

也足夠讓我們對教師的聘用與分發標準再做檢討，倘若好的教師
關係重大，我們必須盡力去找到最好的人選。

五、優良教師分配不均衡的問題

　　我們了解好教師的重要性，對於貧困及少數族裔學生尤有特
別的意義，雖然高貧困及少數族裔比例高的社區的確有一些最有
奉獻心及優秀的教師，事實上，這些教師遠少於資格低及不合格
的教師。在喬治亞大學教授 Richard Ingersoll 1998 年初特別為教
育信託基金所準備的全國教非所學統計資料中，這些情況是明顯
的，統計告訴我們，最依賴教師學科知識的貧困及少數族裔學生
常被最沒有學科知識的教師所教。

　　同樣的不均等出現在以上所述全州性研究中，例如，在田納
西州，黑人學生受教於沒有效能教師的可能性幾乎是白人學生的
兩倍，並不太可能受教於最有效能的教師。在德州也有十分相似
的狀況，根據 John Kain 和 Kraig Singleton 所做的研究，非裔及西
班牙裔學生大有可能受教於師資檢定考試成績不佳的教師，的確，
當學校中非白人學生增加，平均教師的分數下降。Ferguson 的分
析中也發現同樣狀況，他表示在德州與其他地方，黑人學生佔大
多數的學區吸引及留住有能力的人任教，是提供均等教育機會未
做到的一部分。

　　與很多人的主張相反，教師專業知識分配的不均等並不完全

受到財務的影響，如果是這樣，我們可以預期貧困少數族裔的孩子將與貧困白人的孩子有相同素質的教師，但是情況並非總是如此。在德州資料的分析中，Kain和Singleton指出，貧困的白人孩子比起貧困的黑人孩子似乎較有可能獲得素質好的教師，其他州教師素質的資料顯現同樣的狀況。例如，在維吉尼亞州，學生就讀絕大多數是少數族裔的中學比學生就讀於高貧困中學，更可能受教於不合格的教師；賓州及奧克拉荷馬州也一樣，學生就讀少數族裔學生多的中學較有可能受教於大學非主修任教科目的教師。

依據全國州長協會1995年的報告，這個問題在大城市特別嚴重，它指出：在經費不足的學校，臨時聘用、教非所學及高更換率，造成許多貧困與少數族裔學生長時間受教於最沒資格及經驗的教師。

倘若貧困與少數族裔的孩子與其他孩子一樣擁有相同素質的教師，則一大部分的成就差異將會消失，此一評估基於使用的統計模式而有差別，但是影響絕不會小。Ferguson對阿拉巴馬州幾個大都市學區所做的統計顯示，教黑人小孩教師的測驗分數增加一個標準差將減少黑白小孩之間測驗分數差距的三分之二。Robert P. Strauss對北卡州學生成就之研究顯示，教師在全國教師檢定考試（National Teacher Exams, NTE）的分數增加1%，會相對降低學生標準化能力測驗不及格的比率5%。

「換言之，多年來我們責怪學生及他們的家庭，大部分是我們對他們所為造成的結果，就整個國家來說，我們已剝奪最需要的學生學習最重要的要素：一位高素質的教師」。

六、確保高素質教師的策略

　　以上的研究發現，對於那些努力讓更多學生達到高成就標準的州與社區具有深刻意義，教育領導者如打算於近期內完成這項目標，應優先把努力的重點放在教師培育、招募、聘用、分發及持續專業成長的品質上。這對於貧困及少數族裔孩子聚集的學校與社區效果會加倍，在最好的教師手中，貧困與族裔的不良影響會消失，並讓這些學生和來自社經地位有利家庭的學生達到一樣的水準，但是如果他們仍在不合格的教師手中，貧困及少數族裔的學生將繼續實現社會給他們的低度期望。

　　那麼，確保所有美國孩子受教於高素質教師的策略為何呢？「我們並沒有全部答案，然而我們已有足夠的認識進一步討論」，以下是一些有用的觀念：

(一)初任教師專業的標準

　　許多州正提高進入專業的標準，例如，維吉尼亞州已提高藝術、科學兩科的規定，並降低未來教師在教師檢定考試（Praxis）的分數；麻州已設計新且更嚴格的測驗，特別是在學科內容方面。有關提高初任教師標準，應考慮這些標準如何與任教科目內容配合，以及如何與遴選教師的評量測驗配合。

㈡培育師資大學的績效責任措施

　　例如在德州，教師檢定考試通過率低於 75%的大學將喪失培育教師的權利，為了讓大家知道這項規定，州議會明確說明它的意義，即白人、西班牙裔、黑人等畢業生的檢定考試通過率為75%，不容許任一學生團體落後；而且，假如有志於任教的數學教師不能通過檢定考試，那麼數學系將失去培育師資的資格。其他州已朝這個方向努力。

㈢現任教師的專業成長

　　教師效能並非一成不變，經由專業發展，教師才能一直維持他們的效能，紐約市第二共同學區教育總監Tony Alvarado已慷慨投資校長與教師的專業成長，先把重點放在閱讀然後數學，Alvarado 特別讓教師獲得許多來自專家的當場指導，結果過去十年學生成就已穩定進步；密西根大學研究人員 David Cohen 所做加州專業成長之研究也顯示，當專業成長注重新課程及學科內容時，對學生成就有影響。相同的結果顯現在德州埃爾帕索（El Paso）三個學區的進步上，這些學區有超過五十位全職的教學導師對努力改善學生成就的教師提供協助。

　　這些成功的策略有別於很多專業成長計畫，與有關單一主題的三小時工作坊大為不同的是，這些策略是持續的、現場的，並著重學生應該學習的內容。

㈣確保貧困及少數族裔學生至少與其他學生受教於同樣的合格教師

貧困及少數族裔學生應有系統地分派最好的教師，而達到此一目標需要注意以下的問題：

1. 誰是我們培育去任教的——他們來自何處以及想去哪裡任教。

2. 學區與學區之間教師薪資的差異。

3. 初任教師集中分派至貧困孩子聚集學校的現況。

4. 獎勵資深教師轉到工作較容易學校的學區政策，通常由集體協商所得。

5. 學校內教師競相選擇學生，通常是資深且較優秀教師去教最有利的學生。

6. 教師教育貧困、少數族裔學生沒有明確誘因且充滿不利誘因。

以上狀況存在已久，似乎無法改變，但是有些學區開始解決這些不均等的現象。例如在德州聖安東尼，教師分派的新政策已開始平衡學區內教師分派的作業；有活力的校長也能改善這種常態模式，例如在洛杉磯聯合學區，未檢定合格和教非所學的教師是常態，學生全為少數族裔的尼米茲（Nimitz）國中經與地方上的大學簽約，擁有完全檢定合格的數學教師。

(五)家長有知的權利的政策 ✐

家長應可知道什麼時候他們孩子的自然科是讓主修歷史的教師教，或歷史科由主修體育的教師教，當然，這種資訊已為社區中某些富裕的家長所獲悉，但是尚未有一套系統方法讓所有家長知道教師在所教的科目上有足夠的訓練，當家長知道需求最殷切的地方，他們在地方上的努力能夠共同確保所有孩子有合格的教師。

(六)吸引最好人選加入教學行列的招募及報酬 ✐

我們擔心太多師資培育計畫不去尋找最好的，僅招收任何提出申請的人，這樣是不好的。因為學術性向測驗（Scholastic Assessment Test, SAT）及其他資料顯示，有意擔任教職的高三學生是屬於未來最無能力的一群大學生，這樣也對高貧窮與少數族裔學生的社區不好，因為有志當教師中，只有極少數的人在這種社區長大或有意願在這種社區任教。

很多師資培育計畫的領導者表示他們正盡其所能，然而低的薪資和社會地位無法吸引人才，尤其是少數族裔參加教師行列，而且提高的培育及檢定標準使情況更糟，我們依然不相信這些看法。倘若這些看法正確，那麼為什麼比大多數教育學院有更高標準的「為美國而教」（Teach for America）招募計畫一直能吸引更多合格人選？而且，為什麼在該招募計畫下平均標準以上的人選，少數族裔的人選比教育學院多出兩倍以上？這種情況也發生在變

通性的資格檢定上，亦即並不缺乏聰明或屬於少數族裔的申請人。以上和其他經驗告訴我們，結合以下的方法，我們能夠培養高素質的教師：

1. 初任教師專業的高標準。

2. 豐富的誘因如獎學金和貸款豁免給有意在貧窮學校任教的人士。

3. 依培養學生擔任教師的人數來獎勵學校或科系的績效責任機制。

4. 非傳統但依然嚴格的教師資格取得途徑。

以上只是保證解決招募教師問題的一部分，解決這個問題需要決策者、中小學及高等教育主管、教師工會及家長一致的行動，倘若要提出有效可行的政策，所有人都必須參與。最後，「我們也必須了解，雖然目前無法回答教師效能的每一個問題，我們不應該猶疑去運用已有的措施招募培訓教師人選，而且也不應該阻止我們採取行動，去確保貧窮與少數族裔學生分配到受過良好訓練的教師」。

七、結語

由於十年來教師效能的研究與分析證實，教師素質是影響學生成就最重要的因素，而且，有效能的教師不但可以提升學生的學習成就，也可以縮小各族裔學生之間的成就差距，這些研究結

論已多少對美國師資培育改革及提高教師素質的政策產生影響。

紐約卡內基企業（Carnegie Corporation of New York）及其他贊助機構於 2001 年 7 月宣布一項全國性的改革計畫——「新紀元的教師」（Teachers For a New Era），將在未來幾年選擇贊助若干大學校院建立卓越的師資培育計畫。改革計畫若要成功，需要在資源分配、學術組織、參與教授的評鑑標準，及與實習中小學之關係上進行急速的改變，改革計畫結束時，這些大學應被國家視為能夠為教師提供最佳的培育計畫。「新紀元的教師」的改革計畫奠基於以下三項準則：

　　1.師資培育計畫應由尊重證據所導引，包括注意到該計畫畢業教師所教的學生的學習成果。

　　2.藝術與科學領域的教職人員應充分參與未來教師的培育，特別是在學科理解和通識、人文教育方面。

　　3.教育應被理解為一種可以傳授的臨床實習專業，需要教育學院與實習學校之間密切合作、教學經驗豐富的教師在教育學院充當臨床教師，以及新任教師在兩年導入階段的實習。

　　為提升教師素質，以達到「不讓孩子落後法」所規定 2006 年之前每一個教室有高素質教師的目標，美國教育部 2002 年 6 月間舉辦首次「教師素質評鑑會議」（Teacher Quality Evaluation Conference），Paige 教育部長根據剛出爐的全國教師素質研究報告——《配合高素質教師之挑戰》（*Meeting the Highly Qualified Teachers Challenge*），向各州提出大幅改革教師檢定制度的呼籲，即提高學科檢定考試的標準，以及降低阻礙尋求教職優秀人選的門檻；2003 年 9 月依據「不讓孩子落後法」高素質教師有關之規定，提出教師素質的促進措施，如成立新的教師協助團（Teacher

Assistance Corps），巡迴各州協助它們執行高素質教師有關之規定。Paige 教育部長更於 2004 年 4 月宣布一項新的「從教師到教師計畫」（Teacher-to-Teacher Initiative），撮合全國最優秀的教師與教育專家，與各地來的教師分享提升學生成就的技巧，「從教師到教師計畫」將推出以下活動：「教師圓桌討論」（Teacher Roundtables）、「暑期研習」（Summer Workshop）、「從教師到教師高峰會」（Teacher-to-Teacher Summit）及「教師快訊」（Teacher E-mail Updates），該計畫也成立新的教師素質網站（www.Teacher quality.us）。從以上的種種措施與活動，我們可以清楚地體會美國教育部兩年來在提升全國教師素質上所做的努力。

參考文獻

Brice, J. B. (2002). *High-poverty schools that succeed share common teaching programs.* Retrieved October 1, 2002 from http://www.sfgate.com/

Carey, K. (2004). *The real value of teachers: Using new information about teacher effectiveness to close the achievement gap.* Retrieved October 15, 2004 from http://www2.edtrust.org/ EdTrust/product+Catalog/reports+and+publications.htm

The Education Trust (2004, February 25). *The real value of Value-added: Getting effective teachers to the students who need them most.* Retrieved October 15, 2004 from http://www2.edtrust.org/EdTrust/Press+Room/value+ added.htm

Haycock, K. (1998). Good teaching matters...a lot. *Thinking k-16, 3(2).*

Washington, DC: The Education Trust.

Izumi, L., Coburn, K.G., & Cox, M. (2002). *They have overcome: High-poverty, high-performance schools.* Retrieved from January 3, 2003 from http://www.pacificresearch.org/ centers/csr/index.html

Pacific Research Institute (2002, September 26). *High-poverty, high-performing schools overcome where others fail.* Retrieved January 3, 2003 from http://www.pacificresearch.org/

Paige, R. (2004, April 21). *Teachers to listen, learn, share practices to improve student achievement.* Retrieved October 24, 2004 from http://www.teacherquality.us/TQEPRelease.pdf

U.S. Department of Education (2003, September 3). *U.S. Education Secretary Paige highlights department's highly qualified teacher initiatives.* Retrieved October 23, 2004 from http://www.ed.gov/news/pressreleases/2003/09/ 09032003.html

U.S. Department of Education (2002, June 11). New report on teacher quality. Retrieved October 24, 2004 from http://www.connsensebulletin.com/paige.html

學校推展公共關係的趨勢

　　教育機關學校推展公共關係，以往在國內並不普遍，原因之一是我們不太需要去爭取學生和資源，然而近年來在開放多元競爭的潮流下，國內教育生態產生了極大的變化，社會大眾比起從前更關心教育問題，民間教改團體以及學校家長會、教師會也積極參與教育事務，影響所及，教育機關學校已逐漸重視公共關係，以營造良好的學校、家庭與社區關係，並促進教育的發展。反觀美國，教育機關學校推展公共關係已有很長的一段時間，以下擬介紹它們推展公共關係的一些現況與發展趨勢，以提供我教育界同仁之參考。

　　美國全國學校公共關係協會（National School Public Relations Association, NSPRA）指出：「教育公共關係是一種有計畫、有系

統的管理功能，以協助改善教育組織的活動與服務，它有賴於綜合性的雙向溝通歷程，包括內、外部公眾，目的在於促進公眾對組織的角色、目標、成效和需要有更好的了解。教育公關計畫幫助釐清公眾態度，基於公眾利益形成政策及程序，並進行爭取公眾了解、支持的參與和資訊活動。」以上這一段話已說明了學校公共關係的含義，學校公共關係是一種管理功能，是一種有計畫、有系統的雙向溝通活動，它的對象包括組織的內、外公眾，它的目的在於尋求公眾的了解與支持，它以公眾利益為依歸。

多年來，美國全國學校公共關係協會經由舉辦公關研習活動、發行刊物會員通訊、評選年度最佳公關計畫、提供公關諮詢服務等方式，協助學區、學校和其他教育專業組織推展公關活動。和民間企業一樣，教育機關學校為了生存發展確有推展公關的必要，那麼它們的公關活動內容為何？以美國全國學校公共關係協會選出的 2000 年最佳公關計畫為例，美國學區等所進行的公關活動可劃分為企業夥伴關係、學生招募、危機管理、社區關係、特別活動、行銷計畫及訊息傳播等類別（如表 1），所涉及的主題可謂十分多樣化。

其次，教育機關學校的公關作業程序為何？佛羅里達州布洛瓦郡學區（Broward County School District）的公關實例可供我們參考。該學區依需求評估（Assessment）、計畫（Planning）、傳播（Communication）和評鑑（Evaluation）四個步驟，去擬定執行夥伴關係周（Partnerships Week）的公關活動，以表揚學區現有的企業夥伴並尋求新的支持者，其作業程序摘要如下：

1. 需求評估──新任教育總監於 1994 年就職後，即從各界人士所組成的焦點團體，去了解他們對學區的看法，結果發現繼續

表 1　美國 2000 年續優公關計畫

機構名稱	公關主題	公關類別
富爾頓郡學校系統	教職員工傳播訓練	員工訓練
哥倫布公立學校	與哥倫布公立學校建立夥伴關係	夥伴關係
諾曼技藝教育中心	邁向成功之機會	招募計畫
傑佛遜郡公立學校	科倫拜悲劇：處理預想不到的事件	危機處理
大海芬地區公立學校	他們所需的唯一助手「公共服務運動」	社區關係
合作學區	合作學區七十周年「學習的未來」	特別活動
伯克郡學校系統	學校制服行銷活動	行銷活動
維克郡公立學校系統	鄰近學校災害救援	災害救援
西區社區學校系統	良師計畫	良師計畫
阿拉巴馬州地方學校理事會聯合會	全州畢業考試資料	資訊報導

資料來源：National School Public Relations Association (2001). *2000 NSPRA contest award winners*. Retrieved June 16, 2002 from http://www. nspra.org /main_winners00.htm

爭取社區支持對學區教育目標的達成是重要的，地方學校理事會和教育總監基於此一回饋意見提出八項優先施政計畫，其中包括加強夥伴關係。為了推動夥伴關係計畫，教育總監在學區再造時成立夥伴關係部門。次年，夥伴關係部門擬定一項表揚計畫，強

調社區夥伴關係對學區整體改革的重要性,夥伴關係周的所有活動安排,均用以凸顯夥伴關係在學校改革中的角色。

2.計畫——各界人士所組成的委員會成立,並著手擬定夥伴關係周實施計畫,委員會先集會確定主要公眾、活動內容及經費預算,隨後設計一種通用圖案以整合所有活動。

3.傳播——找出每一公眾群體主要傳播人並建立名冊,特定的接觸也被用於一些活動,例如:⑴為志工會議設計特定報名表和宣傳海報;⑵企業及社區熱心人士打電話給應邀擔任「一日校長」(Principal for a Day)的企業高級主管;⑶建立主要市民(企業)團體的理(董)事會會員名冊,並運用他們宣傳最後的夥伴關係表揚暨頒獎晚宴。

4.評鑑——夥伴關係周表揚了目前的企業夥伴,並找到學校改革的新支持者,表揚暨頒獎晚宴共募得四萬五千美元,媒體的報導多且正面,參加夥伴關係周的企業領袖已要求舉辦年中聚會,並允諾招募其他人共襄盛舉,參加的四十五位企業主管中,二十位是公立教育的新支持者,其餘二十五位則強調他們支持的承諾。

近年來,由於美國教育生態環境改變,學校選擇運動成為一股無法抵擋的潮流,聯邦或州經由支持特許學校、教育券、在家教育、賦稅寬減及其他選校計畫,去增進家長為孩子選擇教育方式的機會,影響所及,愈來愈多的學區流失學生,因而採取文字媒介、活動、廣告等策略,去塑造它們的形象並招募學生,這些積極的公關活動是特許學校、教育券,及私立教會學校等所引發的對應措施。

美國全國學校公共關係協會執行長 Rich Bagin 指出,目前類似推銷公立教育的企業化手法主要盛行於大規模學區,不過終究

會延伸至小規模學區，當特許學校或私立學校兜售它們嶄新的教育計畫時，民眾不願回到公立學校，此時公立學校必須展現它們已經改頭換面。以下試舉四個公立學校系統為招募學生所從事的公關活動案例，以說明這項發展趨勢。

密爾瓦基（Milwaukee）公立學校系統從 1990 年起已流失數千名學生，當時威斯康辛州議會採行教育券措施，提供符合條件的家庭學費款項，好讓他們送孩子上私立及教會學校，此外由公費負擔但大體上獨立自主的十二所公立學校也瓜分該學區學生人數的大餅。由於學生減少及伴隨而來聯邦、州撥款減少的威脅，密爾瓦基學區 2001 年決定，學生既然不來就主動出擊去找學生和家長，正如學區代理公關主任 Don Hoffman 表示：學生前來註冊入學的歲月已經不再，我們必須為爭取每一個學生而努力，我們必須為自己做宣傳。密爾瓦基 2001 學年度計花費九萬五千美元在公關行銷上，過去幾個月所進行的活動如下：

1. 在二十五個廣播電台進行五千次插播廣告，以及在九個電視台推出三千次廣告。

2. 郵寄二十四萬六千張介紹學區著名畢業校友的明信片給社區家庭，以及宣傳學區電視節目的明信片。

3. 與地方上麥當勞連鎖速食店合作，印製十七萬份餐盤墊紙，宣傳學區電視節目的播出時間表及該節目網頁等的圖文。

4. 在整個市區一百個以上的大型廣告看板以及公車、公車停靠站的七十五個招牌上，提供學區有關的資訊。

Hoffman 指出：與 2000 年相較，2001 年的學生人數增加一千二百人，這是五年來第一次學生人數增加，而且愈多學生帶來愈多經費，如果連續十二年每年增加一千二百名學生，這項學生

招募計畫可爲學區帶來數百萬美元；當學區 2001 學年花九萬五千美元的公關費用，地方上的企業在廣播電台、電視台的廣播時段、廣告空間及其他上捐助更多。密爾瓦基親師協會會長 Roxanne Starks 認爲：「學區的公關活動讓民眾更了解他們的學校，並開始對學區有正面的看法，我已聽到家長重新考慮將孩子從教育券計畫下轉學回來。」

在北卡州夏洛特（Charlotte）市中心區大樓高懸一塊紅色的廣告看板，開車前來工作的民眾可以看到「即時申請」（Apply Now）的宣傳用語，它指的不是向銀行申請貸款，而是呼籲民眾申請夏洛特—梅克倫堡（Charlotte-Mecklenburg）學區的公立學校選擇計畫。這一廣告看板只是學區四萬八千美元的公關活動之一，它與電視公司、廣播電台、廣告印刷公司配合運作，但是公關活動中最重要但不易看到的是，幕後進行的個別接觸與草根性組織。

該學區主管人員 Carr 女士表示：「無論我們擁有高科技及良好的行銷策略，人與人的接觸是無法取代的，近幾個月學校教職員及七十五位以上的義工已沿途敲門與家長面對面交談，並在住家大門留下黃色傳單，告知民眾有關學區的學校選擇計畫。」學區也舉辦學生博覽會，爲當地主要雇主舉辦座談，裝設家長電話諮詢專線，並爭取企業捐助時間與金錢以推銷地方上的學校。

除此之外，該學區利用西裔青少年足球比賽之後的時機，爲西裔民眾解說學校的教育計畫，在西裔雜貨店張貼標語，以及印製西語版的學校資料，它也針對越裔民眾宣傳。

就像密爾瓦基及其他學區一樣，夏洛特—梅克倫堡學區面對來自特許學校、教會學校和在家教育的競爭，當學生人數一年內能夠增加三千人時，學區主管並不視爲理所當然。

　　加州卡皮斯特拉諾（Capistrano）聯合學區副總監 Price 女士以商用詞彙增加演講效果，而且採用實際的數據資料去宣傳她的學校系統，學區主管部分仰賴學區與特定學校的意見調查，去評估社區民眾對學校了解與不了解的是什麼。例如，當問到與家長溝通聯繫最好的方式時，他們發現郵寄給家長的每季通訊不是很有效的溝通工具，所以現在家長可以上網登記收受每周的電子通訊，易讀又省錢。

　　該聯合學區也隨機抽樣詢問家長是否停止一年一度的「返校之夜」（back-to-school night，按：類似台北市學校所推動的學校日），Price 女士不確定教師在辦理這一活動所花費的時間與精力是否值得，調查結果發現家長們喜歡「返校之夜」活動；「我們不能坐在象牙塔裡並預期我們會有全部的答案，倘若我們要在競爭的市場上求生存，我們必須以顧客為重並順應他們的需求」。事實證明，卡皮斯特拉諾聯合學區兩年來的公關策略已奏效，並獲得大多數納稅人投票支持六百五十萬美元的學校建設公債。

　　最後，要介紹的是馬里蘭州巴的摩爾學區的例子。《華盛頓郵報》2002 年 5 月報導，該學區有鑑於密爾瓦基等招募學生成功的經驗，已決定加入全美公立學區利用廣告吸引學生回流的趨勢，發動一項為期兩年、九十三萬美元的行銷活動。巴的摩爾地區私立學校盛行，人口遷移郊區促使郡的學校成長，以及天主教學校吸納三萬四千名學生，學區面對這樣的競爭，五年內減少了一萬五千名學生。不過，五年來，州與巴的摩爾市建立夥伴關係改善學校有成，使得小學的學業成績已有顯著進步，因此決定要行銷它的成就並一併改善中等學校。

　　美國布希總統 2001 年初上任後，視教育為其施政優先，經過

一年的努力，於 2002 年 1 月 8 日正式簽署經國會通過的「不讓孩子落後法」，由於該法案大幅增加中小學教育經費，也相對提高對州、學區及學校的要求，如加強教育績效責任，大家公認是近四十年所修訂且影響最為深遠的中小學教育法。

法案規定，如果學校經過兩年學生表現仍無法改善，學區必須讓低收入的學生聘請家教或轉到別的公立學校，法案並資助成立新的及現有的特許學校。布希總統由於他原來所提的教育券（係作為家長送孩子就讀私校抵免學費之用），未經國會同意納入前項法案，在不久前宣布的 2003 年教育預算中，另提出達二千五百美元的賦稅減免（tax credit）以為取代，讓表現欠佳學校的家長更有能力去加強孩子的教育，包括送孩子到表現較佳的學校。最近，伊利諾州州議會研議對於資助低收入學生就讀私校的企業，州將給予每年達十萬美元的所得稅減免。

以上所舉聯邦與州擴充家長教育選擇的新構想，未來將使美國公立學校面臨更嚴峻的挑戰，並持續為爭取學生和教育資源而推動它們的公關活動。

參考文獻

Borja, R . R . (2002, February 22) . *Sales pitch: Go to school* [On-line]. Available: http://www.edweek.org/ew/

Milphizer, P. (2002, March 8). *Private-school funding bill ripped by public educators* [On-line]. Available: http://www.suntimes. com/ cgi-bin/

National School Public Relations Association (2001). *2000 NSPRA contest award winners* [On-line]. Available: http://www.nspra. org/ main_winners00.htm

National School Public Relations Association (2002). *Getting a public relations program started* [On-line]. Available: http://www.nspra/ entry.stm

Robelen, E. W. (2002, January 9). *ESEA to boost federal role in education* [On-line]. Available: http://www.edweek.org/ew/

Ross, J. (2002, March 1). *School choice gets Competitive: 1996 law is making districts work for enrollment* [On-line]. Available: http://www.freepress.com/news/education/

St. Louis Post-Dispatch (2002, January 9). *Wide-ranging bill on education gets Bush's signature* [On-line]. Available: http:// home.post-dispatch.com/

U.S. Department of Education (2002). *Executive summary of The No Child Left Behind Act of 2001* [On-line]. Available: http://www.ed. gov/nclb

U.S. House Education and the Workforce Committee (2002, February 4). *President Bush proposes further expansion of education choice* [On-line]. Available: http: //edworkforce.house.gov/edwatch

Washington Times (2002, May 7). *Schools advertise to reduce student drain* [On-line]. Available: http://asp.washtimes.com

成就為導向的教育績效責任

一、發展趨勢

　　美國十年來推動標準為導向的教育改革（standards-based re-form），聯邦與各州紛紛為學生建立高的學業標準而努力，也就是說，在學生的教育過程中，明確界定他們需要知道什麼及能夠做什麼。標準提供了決策者、教育工作者、父母及社會大眾監控、測量及持續改善學生成就與學校品質的方法。

　　這種以標準作為教育改革的基礎，促使各州重新思考它們績效責任的架構、目的及重點，例如：誰應該負起績效責任？負起什麼績效責任？學生及學校表現應如何評量、比較或公布？在教育體系中的什麼層次蒐集、分析及報導績效責任資料？對於成就表現將施以什麼後果？績效責任措施如何設計以提供更大的教育彈性？如何讓社會大眾了解及支持績效責任措施？在這一波標準為導向的改革浪潮下，美國大多數的州已經採用學生應該知道什麼的標準以及評量他們學習效果的測驗，並訴諸績效責任的機制來促進改革。

　　美國最重要的教育智庫福翰基金會（Thomas B. Fordham Foundation）於 1998 年發表「國家仍在危機中」（A Nation Still At Risk）的教育宣言（manifesto），對當前的教育發展提出針砭與改革意見，參與連署的學者專家建議政府採行兩大密切並行的改革策略：一為標準、評量和績效責任（standards, assessment, and accountability）；一為多元、競爭和選擇（pluralism, competition, and choice）。前者指的是，每一學生、學校和學區必須被要求達到學習的高標準，父母必須被告知子女及他們所上學校的進步狀況，學區與州的主管官員必須獎勵成功，並在面對失敗時有能力和義務去干預協助。

　　布希總統 2001 年 1 月就任後，提出了「不讓孩子落後」的教育改革藍圖，重點之一便是加強學生成就的績效責任。美國經濟發展委員會（Committee for Economic Development，係獨立超黨派的政策研究組織）也曾發表了《測量重要內容》（*Measuring What Matters*）的報告，呼應總統與國會領袖的看法，強力支持藉由評量與績效責任的工具，期使教育的重點放在成效上。這份報

告並向聯邦與各州的決策者在擬訂評量與績效責任政策時,提出相關的具體建議。其次,有一項調查研究顯示,州長以及州教育行政主管們一致認為,在跨世紀教改中相互有關的標準、評量與績效責任是當前各州最重要的教育問題。

由此可知,以成就為導向的績效責任(performance-based accountability)是近年來美國政府、教育智庫及相關委員會的主張,並已獲得社會大眾的支持,這將是美國推動教育績效責任的一大助力。接下來筆者擬就美國當前績效責任的主要含義、建構問題、各州實施現況,及聯邦推動的構想等方面,分別介紹於後。

二、主要含義

在美國,教育績效責任並不是一項新的理念,其新穎之處在於近年來它把重點放在學生的成就上,有異於以往著重教育輸入(inputs)、過程(process)及有關規定的遵守(compliance with rules and regulations),這種以成就為導向的績效責任,成為今天美國教改上的重要課題。

美國《教育周刊》曾對績效責任提出明確的定義如下:「州或學區要求學區、學校或學生對成就負責的相關政策,學校及學區績效責任制度通常包括依據學生成就及其他指標評比學校或學區,向社會大眾報告學校或學區的表現,以及基於它們的表現或進步狀況施以獎懲。至於學生的績效責任則指經由規定學生通過

測驗才能升級或從高中畢業，去要求他們對自己的學習表現負責」。

　　咸認扮演教改推手的各州教育協會則認為，當前成就為導向的績效責任制度是確定成就目標，並對有關人員組織賦予達成目標的責任，然後要求每個人對達成目標負責；在此一制度下，決策者需要清楚地敘述目標、責任及權力，然後公平合理地對後果施以獎懲。至於負有績效責任者需要了解他們的責任及後果，相信成就標準是可以達成的，而且擁有資源與訓練去有效執行他們的工作。

　　至於一套績效責任制度應包括哪些內容，試舉二例說明，好讓大家有一清晰的認識。華盛頓大學公共事務研究所教授Paul Hill表示，績效責任制度有以下四個部分：

　　1. 測量（Measurement）──學生在州標準表現上的測量。

　　2. 公布成績（Reporting）──向學區、學校、父母及社區民眾公布成績。

　　3. 評比分級（Labeling）──依評鑑結果將學校分級，以作為獎勵、協助或大幅矯正之依據。

　　4. 補救措施（Remedies）──藉由協助有能力改革的校長教師們，輔導一再失敗的學校及重組無法改善的學校，以幫助低成就學校，它也包括協助措施的檢討，以確保實際可行。

　　其次，各州教育協會指出成就為導向的績效責任制度含括以下幾項基本要素：

　　1. 標準與評量（Standard and assessments）──藉由內容或成就標準的擬訂，在不同年級的特定學科領域，清晰地敘述學生必須知道及能夠做什麼，標準搭配測度學生達到標準狀況的評量措

施。

2. 多重指標（Multiple indicators）——一項指標直接或間接地測量某一特別要項對學生成就的影響，指標包括諸如學校或學區成績報告、上學率、輟學率、畢業率、學生人口結構及教育花費等。

3. 獎勵（Rewards）——當學生成就超過所訂的標準或先前的學習成果時，提供老師、學校或學區獎勵，這些獎勵是基於所得的成效，它們不是提供學校去達到成效，獎勵通常是用金錢。

4. 懲罰（Sanctions）——倘若學生表現低於預定的標準，或學生測驗分數持續無法改善，州可能對整個學區施以懲罰，或學區可能對個別學校施以懲罰，懲罰方式不同，可能是一紙警告、干預協助或由州接管。

三、建構問題

我們了解了績效責任是美國現階段教改的重要方向，以及它所含括的含義和內容，那麼，如何設計一套可行的績效責任制度，應該是教育決策者及教育工作者所共同關切的問題。一套績效責任制度必須滿足父母、教育工作者、決策者及社會大眾各種資訊的需求才算有用，為了解決這些需求，州、學區和學校的績效責任制度必須是連貫一致的設計。州必須掌控學區、學校的進步情形，並課以負起協助學生達到高學業標準的責任；學區必須蒐集

州、學區教育目標和標準有關的資訊,並要求學校為它們的成就目標負責;至於學校的績效責任必須著重蒐集有關學校、學區和州教育目標的成就資料,同時提供學生學習及學校改善的診斷性資訊。茲就建構績效責任制度所須考慮的政策問題簡介如下:

根據美國各州教育協會「規畫與執行標準為導向績效責任制度」的研究報告指出,州在建構績效責任制度所需要考慮的政策性問題,包括:

1. 界定目的和目標:績效責任制度在於達到特定的目的,這些目的可包括監控、報告學校和學生在達成學業標準的狀況、評鑑整個教育體系的表現、要求學校或其他機構人員負起責任、分配資源、考核或決定學生升級、改善學生和學校成就、挑選或安置學生、安排在職進修等,基於資料蒐集的可能性和需求,去建立適合不同層次(州、學區、學校及教室)中不同目的的一套績效責任制度,是一大挑戰。

2. 建立設計與執行的程序:州可任命工作小組或成立一獨立考核小組,去負責績效責任制度的設計、執行和維持,審核小組就有關的問題提供建言,諸如如何評量成就、如何報告進步狀況、績效責任結果如何用來促進改革、運用什麼配套措施來增進地方的能力及協助學校層次的績效責任,設計過程通常從確立一套績效責任制度的準則和目標開始。

3. 決定誰負起績效責任及如何評量表現與進步:決策者可從不同的成就測驗類型做選擇,包括常模參照測驗、標準參照測驗、成就評量或學習檔案(portfolios),每一評量有利有弊,而且實施的成本差異很大。在標準為導向的績效責任制度中,能夠正確提供學生在學業標準上進步狀況的評量,應列為最高優先,其他

指標也應蒐集去提供績效責任制度正確的全貌，並找出需要改善的地方。

4.決定如何比較成就與進步：決定令人滿意的成就是任何績效責任制度的重點所在，比較學生、學校或學區的分數是做此決定的普遍方法，包括依熟練程度將學生或學校與達到標準的絕對成績相比較，將學生或學校的分數和進步與成就目標相比較，以及將學校或學生與預期的分數相比較。很多州的績效責任制度採用標準的熟練程度及學校達到成就目標的程度，報告學生的進步情形。

5.決定在哪一層次蒐集公布資料：績效責任的結果可在州、學區、學校或個別學生的層次上蒐集並公布，成績公布的程度是依目的及花費考量來決定。由於大多數州的績效責任制度要求學校為學生的學習成果負責，所以成績最常在學校的層次上公布。然而，學校層次的成果可以集合建立成學區及州的成果，有些州通常在查核或決定學生升級的測驗上，公布個別學生的分數，有些州只公布學區的成績。

6.評估所需費用：有許多設計因素影響績效責任制度的花費及它們所依賴的學生評量，以下特點容易增加花費，包括自製的測驗、人力計分的項目、評鑑很多項目年級或學科、測驗結果風險高、獎勵表現佳的學校以及蒐集的指標很廣。

7.建立獎懲及其他誘因：獎懲具有激勵老師專心工作、促進學校改革措施及改善教學的作用，六個州建立採用獎懲以鼓勵學校和學區增進學生成就的績效責任制度。獎勵有頒發獎金、公開表揚或賦予更多教育彈性，懲罰通常從提供協助到關閉學校，或在一直沒有改善的狀況下由州接管（state takeover）。

8.協助社會大眾了解成效：民眾、決策者及教育工作者如何看待績效責任制度與它的成功密切有關，若要家長、老師及民眾覺得績效責任制度公平合理，他們需要了解制度如何運作，採用什麼決定獎懲以及這些措施為何有效。最後，教育工作者及決策者必須合作，以幫助家長及民眾了解新的成績公布方法，以及標準為導向的績效責任制度與以往使用常模參照測驗制度的差異所在。

9.協助老師、學校和學區：州的績效責任必須同等重視創造有效教學的條件及要求學校為績效負責，為了讓老師更有效率，他們需要有效教學的知識與技能，以幫助學生成就高的學業標準。州在協助老師方面能夠扮演幾種不同的角色，包括建立證照／檢定和專業進修的標準、組織專業進修中心、提供額外的資源、發展改革聯絡網，或對學校、學區直接提供支援。

10.不斷評估改善制度：績效責任制度的成功不但取決於它的設計，而且在於決策者對它的持續實施而改善展現的決心，負責執行的工作小組或獨立考核小組應每年進行學校和（或）學區的調查，對執行現況及制度效率獲得回饋意見，並提出實施現況和改革建言，而且需要的話，在績效責任制度對學生成就的影響上進行長期性的研究。

四、各州實施現況

　　基於當前績效責任的發展趨勢，美國各州的角色已由確保遵守法令規定轉而評量學習成果、提供獎勵誘因、執行懲罰及協助學校建立改革能力等。同時，各州為換取學校負起更多績效責任，學校與教育工作者在做決定上被賦予更多彈性和自主。換言之，州擬訂學生成就標準，並讓學校教育工作者選擇他們的教學策略。那麼各州實施績效責任的現況為何？

　　史丹佛大學等五校所組成的教育政策研究聯合會（Consortium for Policy Research in Education, CPRE）曾對新績效責任制度的特色、擬訂與實施新績效責任制度所面臨的難題，以及新制度如何運作，做過深入的探討。教育政策研究聯合會指出，目前各州實施的績效責任制度與以往不同，歸納起來有以下幾項特色：

　　1. 強調學生成就──州在學區、學校的認可上，多強調學生成就而少強調遵守規定。傳統上，州經由自評及定期訪視，考核教育輸入與歷程標準，近年來重視學生成就，導致監管教育成果的資料如測驗分數及畢業率也相形重要。決策者不僅對讀寫算的進步狀況感興趣，而且他們在績效責任制度下含括所有主要學科的成績評量。

　　2. 學校為改革的單位──傳統績效責任制度要求學區負責及著重學區的活動，如聘用合適的老師及擬訂政策去執行州的指令，

新的制度改以學校為主，目前成效的評量與報告是以學校為單位，學區也可能要負起整體成效的責任。

3.持續的改善策略——大多數新的績效責任措施係根據州所訂的成就標準或進步標記，然而，一項新途徑讓學校依具體的成就目標做決定，如閱讀、數學測驗分數的改善，只要進步達到地方學區所訂的標準，便可作為認可或州批准的主要依據。

4.視導——有些州正嘗試將學區和學校的訪視重點放在教與學上，一改以往資料查核及來自學區的訪視，新的視導方式由長期的同儕訪視所組成，包括課堂觀察並使用回饋和實務上的深入討論。

5.更多績效責任的類別——成就評比的類別予以增加，以便仔細分辨學區和學校的表現，學區和學校不再是採及格或不及格的簡單等級，它們所得的評比等級增加，例如密西西比州採五個等級，得分高的第四、五級被視為是提供學生良好的教育，至於名列第一級的學區則被「留校察看」（on probation）。

6.向社會大眾公布成績——愈來愈多州向社會大眾公布學區及（或）學校的測驗分數，及其他成果如上學率及輟學率。

7.依成就水準施以獎懲——獎懲逐漸被採用，與不同的認可等級或成就水準相結合，除了向民眾公布成績外，某些州也提供金錢獎勵或其他看得見的表揚。

很多州已實施績效責任制度或加強它們現有的制度，《教育周刊》2001年特別彙整各州四年來的發展趨勢（如圖1）。

例如，2001年與1999年相比，有額外十個州及哥倫比亞特區對所有學校表現評定等級，還有七個州計畫於2004年秋實施，另2001年採行懲罰措施的州增加了，部分原因是該周刊將懲罰的

定義包含那些允許學生從低成就學校轉學的州，由圖1所示，我們可以知道績效責任是美國現階段教育改革的重要方向。

　　值得一提的是，目前的績效責任雖以學校為主，但學生和教師的績效責任也受到重視。愈來愈多州和學區要求學生為他們的升級及從高中畢業負起績效責任，通常是學生需要通過規定的測驗。研究顯示，無論測驗的風險（stakes）高或低，評量措施對學生成就有正面的影響，例如紐約州採風險低的高中畢業考試（Regents exams），其學生在學術性向測驗及國家教育進步評量數學科的表現優於其他州，之後該州便明文規定，高中生必須通過州的畢業考試才能畢業。

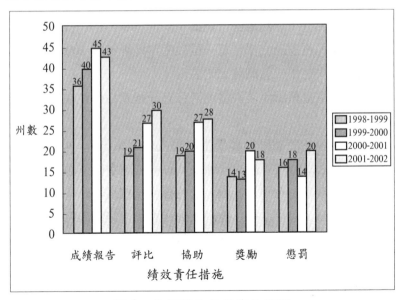

圖1　各州績效責任實施現況

資料來源：Meyer, L., Orlofsky, G., Skinner, R., & Spicer, S. (2002, January 10). *The state of the states.* Retrieved October 25, 2002 from http://colossus. edweek.org/ sreports/ qc02/article. cfm? slug=17sos-cl.h21

　　至於學生升級的問題，芝加哥、巴爾的摩及德州的幾項研究指出，不讓學習失敗的學生升級對於學生成就具有正面的影響，然而也有不少研究顯示相反的效果，即讓學生留級時常是弊多於利，例如芝加哥的研究發現，參加暑期補救教學的學生達到升級測驗分數的比例大幅增加，但是很多這樣的學生不能夠維持進步的狀況，並在一年後再度面臨學習失敗的危機。

　　其次，好的教學在促進學生學習上扮演重要的角色，於是決策者、教育工作者及父母試圖要求教師為學生學習的成敗負起責任，並尋求可靠的方法去評量教師的效率。雖然目前沒有任何一個州要求教師對他們的學生成就負起責任，但某些州已採取成就為基礎的教師效率評量措施，例如：

　　1.德拉瓦州通過立法，每一位教師年度評鑑的 20%，是基於他或她的學生在州成就測驗上的表現。

　　2.德州規定教師年度評鑑的八分之一是基於學校在全州性測驗上的成績。

　　3.田納西州將教師影響學生學習成就的報告（teacher effect reports）分送四至八年級的教師以及每一位高中數學教師，報告描述教師影響學生全州性測驗表現的程度，校長可以不將它列入教師評鑑考慮，但可以據以提供教師在專業進修上的忠告。

　　4.科羅拉多州規定學生成就資料列入教師評鑑，但由地方學區決定如何去做。

　　5.明尼蘇達州是唯一依學生表現提供教師金錢獎勵的州，州提供教大學預修（Advanced Placement）科目的教師額外津貼，如果學生在大學預修科測驗上得三分或更高的分數（按：五分為最高），每一位學生二十五美元。

6.在北卡州，評鑑低成就學校的校外小組可以建議教師參加一般知識測驗，不及格者可能失去其教師證照。

五、聯邦推動的構想

美國聯邦政府對教育事務並無主控權，但在近年來標準為導向的教育改革中扮演了促進的角色，它對績效責任的發展有什麼作為呢？前總統柯林頓 1994 年一年內推動通過了目標 2000 年教育法、改革美國學校法及學校通向就業機會法，這三大教改法案有一共同的特色，即聯邦與州在教育和職業訓練上的法令規定，賦予地方更多彈性以換取績效責任。

經過幾年改革的檢討後，他於 1997 年 2 月呼籲大家為二十一世紀美國教育而打拚（Call to Action for American Education in the 21st Century），明確指出促進學校教育選擇及公立教育的績效責任，教育部稍後將它列為持續推動教改的優先施政計畫之一。

國會 1998 年 10 月通過高等教育修正案（Higher Education Amendments of 1998）後，教育部將師資培育改革列為當時的重要施政項目，其中明文規定績效責任，要求今後各州及高等教育機構對師資培育的品質提出報告，包括它們的學生通過教師檢定考試的表現。

直到 1999 年 6 月，柯林頓發表國情咨文時，具體提出在年度內推動「教育績效責任法」（Education Accountability Act）的構

想，首次要求州與學區採取相關措施對績效責任負責，例如取消自動升級（Social Promotion）、整頓辦學不力學校、負起教師素質責任、提供家長更多學校資訊與選擇等。這些措施就在同年 5 月著手修訂的中小學教育法中予以納入，足見績效責任已受到聯邦政府的全面重視。

當時修訂的中小學教育法稱爲「學童教育卓越法」（Education Excellence for All Children Act of 1999），勾勒了聯邦政府未來五年（1999 至 2004）推動中小學教育改革的四項方針，其中包括加強學校及學生表現的績效責任，經由增列的教育績效責任法一章，擴充現有的績效責任規定如下：

1. 強化學區及學校的績效責任——鼓勵各州發展一套嚴格的績效責任措施，以要求所有學校對學生的學習成果負責。州將有彈性採用法案中所列的績效責任模式，或其他有效的模式，沒有整體績效責任措施的州，仍必須爲其州內接受聯邦補助的貧窮學校建立一套措施。

2. 經由學校成績報告加強對父母與民眾負起績效責任——規定接受中小學教育補助款的州提出每一學校、學區及全州的年度成績報告，該報告明列學生成績、教師資格、班級規模、校園安全、出席率及畢業率。合適的話，學生成績資料可依族裔背景呈現，以找出社經地位不利學生與一般學生之間的差距。

3. 廢止現行不當的自動升級和留級措施——要求州在四年內，針對在三個關鍵時刻（例如四、八年級及畢業時）需要額外幫助達到挑戰性標準的學生，實施有效的教育策略，這些策略包括早期發現與預防措施、小班級內安置有能力的教師、高品質專業進修、更多父母參與及延長學習時間，州將使用多重的措施，包括

一項有效的評量去確定學生是否達到標準。

4.扭轉低成就的學校──規定學區公開找出過去三年未見改善的最差學校並提供協助，包括實施延長學習機會、有效的學校改革模式及密集的教師訓練等，學生表現在兩年內若未見改善，學區必須採取改革行動，如更換教職員以重組學校，或完全關閉學校後聘用新的教職員重新開張，或改爲特許學校。州必須保留地方補助經費的 2.5%去支援瀕臨失敗學校的改革，並提供這些經費的 70%給學區，以扭轉低成就學校。

布希總統 2001 年初上任後，在其「不讓孩子落後」的教改藍圖中，宣示加強對學生表現的績效責任，他表示聯邦將採取下列措施：州、學區及學校必須確保所有學生，包括社經地位不利學生，達到高的學業標準；州必須擬訂一套獎懲制度去要求學區和學校爲改善學業成就負起責任；學校須對三至八年級學生在年度的全州閱讀及數學測驗負起責任；將讓父母了解他們子女在學校的學習狀況以及學校教育品質的資訊。教育部長 Paige 隨後在眾議院預算委員會的聽證會上表示：「布希總統教改藍圖的目的，在爲美國的教育制度帶來真正的績效責任，及縮短貧窮與少數族裔學生與其他學生的成就差距……現在正是停止補助失敗的時候，並著手在教育制度中建立績效責任及學習成就的文化。」

六、結語

綜上所述，教育上的績效責任雖不是新的理念，但美國十年來推動標準爲主軸的教育改革，強調績效責任是自然的趨勢，各州不但以學生成就作爲評比的基礎，並據以要求學區、學校或學生負起責任，聯邦政府亦不遺餘力經由立法的手段帶頭倡導，以協助所有學生達到高的學業標準，早日完成預定的國家教育目標。

然而，要建構一套公平、合理、完善的績效責任制度所牽涉的問題很多，諸如評量測驗、指標、評比等級、成績報告、獎懲、協助等，就以聞名全美的德州績效責任制度來說，實施以來頗具成效並贏得不少肯定，仍在不斷地評估與改進中。該州近來才立法實施未通過全州測驗的學生不得升級及畢業的規定。

鑑於我國教育主管機構爲了確保學校教育的品質，或評估學校特定計畫的執行成果，時有評鑑訪視學校的安排，惟評鑑工具是否可靠可信？因應民眾知的權利，評鑑結果如何向社會大眾公布？評鑑所得的資料如何有效利用？績優學校有否給予獎勵？如何獎勵？以及辦學不力的學校是否懲罰或提供所需的協助？如何懲罰？如何協助？這些問題或多或少是我國教育主管機關所必須面對的。筆者認爲，美國當前教育績效責任的發展趨勢和作法，值得我們探討並作爲學校評鑑訪視的參考與借鏡。

參考文獻

Allen, M. (1999). Student results and teacher accountability. *Policy Brief.* Denver: Education Commission of the States.

Bradley, A. (1999). Zeroing in on teachers. *Education Week, Quality Counts '99, XVIII(17)*, 5.

Bush, G. W. (2001, January 23). *Transforming the federal role in education so that no child is left behind* [On-line]. Available: http://www.ed.gov/inits/nclb/part2.html

Committee for Economic Development (2001). *Measuring what matters* [On-line]. Available: http://www.ced.org

The Editors (1999). Demanding results. *Education Week, Quality Counts '99, XVIII*(17), 5.

Education Commission of the States (2001, March 23). *State warns of massive test failures* [On-line]. Available: http://www.ecs.org/ecs-main.asp? page=/html/newsmedia/e-clips.asp

Education Commission of the States (1999). *Education accountability systems in 50 states.* Denver: Education Commission of the States.

Education Commission of the States (1998). *Designing and implementing standards-based accountability.* Denver: Education Commission of the States.

Education Commission of the States (1998). *Accountability-state and community responsibility.* Denver: Education Commission of the

States.

Education Commission of the States (2000). Accountability. *The progress of Education Reform 1999-2001,(2)* [On-line]. Available: http://www.esc.org/clearinghouse/16/52/1652.htm

Education Week (2001). *Accountability* [On-line]. Available: http://www.edweek.org/context/glossary/accountability.htm

Fuhrman, S. H. (1999). The new accountability. *Policy Briefs, RB-27.* Philadelphia: Consortium for Policy Research in Education, University of Pennsylvania.

Meyer, L., Orlofsky, G., Skinner, R., & Spicer, S. (2002, January 10). *The state of the states.* Retrieved October 25, 2002 from http://colossus.edweek.org/ sreports/ qc02/article.cfm? slug =17 sos-cl.h21

NGA Center for Best Practices (2001). *Standards, assessment, and accountability* [On-line]. Available: http://www.nga.org/center/topice/1,1188,D_413,00.html

Paige, R. (2001, March 13). *Testimony on no child left behind: A blueprint for education reform* [On-line]. Available: http://www.ed.gov/Speeches/03-2001/010313.html

Thomas B. Fordham Foundation (1998). *A nation still at risk* [On-line]. Available: http://www.edexcellence.net/library /manifes.html

U.S. Department of Education (1998). *Turning around low-performing school* [On-line]. Available: http://www.ed.gov/pubs/turning/prt.html

U.S. Department of Education (1998). *Improving teacher quality, recruitment, and preparation* [On-line]. Available: http://www.ed.

gov/inits/FY99/1-teach.html

U.S. Department of Education (1999). *The Educational Excellence for All Children Act of 1999* [On-line]. Available: http://www.ed.gov / offices/OESE/SEA/index.html

White House (1999, January 19). *President William Jefferson Clinton State of the Union Address* [On-line]. Available: http://www.white-house.gov/WH/New/html/19990119-2656.html

談教育鬆綁

一、前言

　　在美國過去二十年公立教育管理（public education governance）的改革中，州、學區和學校已走上了雙軌並行的策略。一方面，州投資更多經費於公立教育，且逐漸涉入以往屬於地方決策者、教育工作者及社區的一些教育事務，它們經由建立內容與成就標準，發展學生與教師評量，以及建構確保學生和學校的績

效責任機制，去推動全州性的教育改革；更進一步的，州開始干預甚至在某些情況下接管長期辦學不力的學區和學校。

在州實施更集權（centralized）、管制的同時，州和學區也相對採取更鬆綁、分權的措施，例如，許多州、學區和學校嘗試各種場所本位管理（site-based management, SBM），將預算、教學及其他決策權下放到學校，或者嘗試各種學校選擇（school choice）的途徑，包括在家教育、磁性學校、教育券、稅負寬減等。換言之，州在某些方面如標準、評量及績效責任上增加它的權力，同時也經由鬆綁、場所本位管理及學校選擇賦予學區、學校更多的自主權。

至於聯邦政府最近的教育改革構想，我們也可以看出同樣的趨勢，教育部長 Paige 2001 年 2 月應邀在一次教育高峰會上表示：「布希總統將教育列為施政的第一優先，他所提『不讓孩子落後』的教改藍圖，將是聯邦中小學教育改革的新方案……我們必須將教育的重點放在類似組織效率的五個基本要項上，包括高標準（high standards）、年度績效評量（annual assessment for results）、為績效負責（accountability for results）、彈性與地方自主（flexibility and local controls）及擴大家長選擇權（expanded parental choice）。很明顯的，前三個及後兩個基本要項分別屬於前述兩類不同而並行的策略。」

近年來，美國教育學者專家的研究分析也建議採取以上兩類並行的改革策略，茲舉二例說明之。

教育智庫福翰基金會於 1998 年發表了「國家仍在危機中」的教育宣言，對於當前教育改革建議同時採取以下的兩大策略：一為標準、評量和績效責任：每一位學生、學校及學區必須期望他

們達到高的學習標準，家長必須知悉他們孩子及孩子學校的進步
狀況，學區和州必須獎勵成功並有能力和義務去幫助失敗的學校；
二為多元、競爭和選擇：當我們確知要傳授的知識與技能時，必
須對各種教育方式採取開放的立場，家庭與社區有不同的愛好和
優先事項，教育工作者有不同的特長和熱誠，若持續固守一所學
校的教育模式卻想適合每一狀況是不可理喻的，而且如果鄰近有
一所好學校，卻要一個孩子就讀一所差的學校乃是不對的。

　　其次，基於當前教育發展的需要，美國各州教育協會 1999 年
2 月成立「美國學校管理研究委員會」（National Commission on
Governing America's Schools），重新檢討公立教育管理的問題，
並於同年 11 月提出兩套方案供各州與學區參考：

　　1. 公共授權、公共經費支持及公共經營的學校體系，這套系
統奠基於普及公立教育管理體系中一些更具前瞻的趨勢。

　　2. 公共授權、公共經費支持及獨立經營的學校體系，這套系
統奠基於普及公立教育管理體系中一些更具前瞻的另類途徑。

　　這兩套改革方案是漸進而非激進的，它們不在解除現行的結
構與程序，而在保留公立教育並加強它現行體系的優點，以及注
入更大的適應性、彈性及績效責任。事實上，這兩項方案中的許
多理念與措施正在全美各州、學區和學校付諸實施：學校本位決
策、成就導向的績效責任、學校選擇以及如特許學校所呈現的學
校、學區之間的新關係。由此可知該委員會所建議的兩套改革方
案，也含括了教育鬆綁和績效責任的理念。

　　本文將介紹美國教育鬆綁的背景、機制和問題，州與聯邦推
動教育鬆綁的策略，最後，再就中美兩國教育鬆綁現況與構想略
做比較，俾作為我們持續推動相關鬆綁政策之參考。

二、教育鬆綁的背景

二十世紀初，美國公立學校體系主要是鬆綁的（deregulated）或分權的（decentralized），也就是說教育由地方所控制（local control）。稍後於 1920 年左右，改革者認為這樣的體系是失敗、不均等且缺少績效責任，解決之道在於建構一套法令規定比較完整的集權或管制措施，去因應公立學校體系更有效和均等的需求。此一集權傾向的公立教育體系興盛於全國，直到 1980 年代中期，若干全國性的教育研究報告提出，透過學校自主去加強教師專業和改善學校成就的呼籲，各州開始認真地嘗試減少法令規定的理念，這種鬆綁（deregulation）的趨勢是基於學校自主（school autonomy）是改革重要因素的信念。

當時的學校本位管理（school-based management, SBM）改革策略便是典型的例子，多數學者同意它的主要特色是學校自主和參與決策（participatory decision-making）。改革者相信倘若學校免除法令規定的束縛，它們將能夠全力安排服務與教育活動去配合它們特有的需要，教育決策宜下放給最接近學生的人士，而不是州或聯邦的行政官僚。

起初，最普遍的鬆綁機制是豁免（waivers），豁免可以讓學校或學區提出免除州某些法規的要求，實施了若干年，豁免措施已經變得更具彈性且被廣泛採用，然而，這些法規豁免項目有限，

對於學校改革的效果亦有限。

近年來，新的鬆綁措施賦予地方更多彈性，遠超過了豁免。例如特許學校（charter schools）比傳統學校擁有更大的自主，大多數享有大部分法規豁免的自由，以交換特許契約上所規定的績效責任。其次，州實施的成就導向績效責任強調學生的學習成就，並賦予學校和學區自由發展組織與教學活動，以適應地方的需要。

總之，美國教育鬆綁主要包括豁免、成就導向績效責任以及特許學校三種機制，茲分別說明如下。

三、豁免

如前所述，免除法令規定束縛的豁免，是最普遍採用的鬆綁機制，以下從有限度的豁免計畫到更具彈性的豁免計畫逐一介紹：

1. 緊急豁免計畫（Emergency Waiver Programs）──提供豁免給面對緊急狀況需要某些自由或額外時間去遵守州法令規定的學區和學校，州提供緊急豁免去減輕有關學年長度的規定、解除惡劣氣候或其他危機有關的最低規定，以及允許學校在找不到合格教師時聘用不合格人員。

2. 獎勵／誘因豁免計畫（Reward/Incentive Waiver Programs）──提供豁免以促進改革，只有某些學校有接受這些豁免的資格，學校成績優良獲得鬆綁以為獎勵，或成功地完成一項計畫，或提出一種獲獎的計畫書的學校獲得鬆綁，這些豁免解除有

限的法令規定，而且符合資格的學區或學校必須對它所想豁免的每一規定提出申請。

3.單項規定豁免計畫（Rule-by-Rule Programs）──這項豁免計畫規定學校和學區對它所想豁免的每一規定提出個別申請，緊急豁免計畫以及獎勵／誘因豁免計畫係屬單項規定豁免計畫，該項計畫已被批評爲浪費時間並未被善加利用，因爲它要求太多書面作業，很少學校會利用。

4.有限資格豁免計畫（Limited Eligibility Waiver Programs）──最初，大多數的計畫只限那些達到所訂標準的學校或學區有資格提出申請，近年來很多州放寬了申請資格，允許大多數學校和學區申請豁免，這項「放寬資格豁免計畫」（Broadened Eligibility Waiver Programs）提供更多學校和學區更大的彈性與自主。

5.地毯式豁免計畫（Blanket Waiver Programs）──有些州授予符合資格的學校地毯式豁免，這些豁免方式提供廣泛的鬆綁途徑，因爲學校自動地免除許多法令規定的束縛，無須逐一提出申請，地毯式豁免計畫在促進實際改革似乎更成功且更被廣泛使用，該計畫不需要書面作業或核准程序、自動免除被視爲阻礙改革的嚴格規定，以及允許學校或學區進行更有效率的改革而無須等待豁免核准。然而，縱使在這項計畫下，某些規定可能無法豁免，諸如標準化測驗、畢業或安全上的規定。

雖然豁免的鬆綁機制已經有很大的進展，以及學校、學區符合豁免資格的數字有所成長，不過研究顯示，單獨使用豁免而不與其他措施結合似乎對學校很少有直接的影響。有效使用豁免的學校可能在獲准豁免之前，已經有許多其他的革新計畫與活動，法規豁免僅能助它們向前一步達到改革的整體策略與目標。

四、成就導向績效責任

　　1990 年代以來，大多數州的績效責任制度以學生成就為主，而不在法令規定的遵守上，它們不把重點放在教育輸入，諸如一個學生必須花在課堂上的時間，而改採獎勵、懲罰和協助的措施，以協助學校提高學生的成就表現。美國各州教育協會 1999 年的研究指出，三十五州對低於最低成就標準的學校或學區有懲罰的政策，而十七州有獎勵措施去表揚優異的表現。

　　由於績效責任的重點擺在學生成就上，州應能夠解除某些教育實務上的規定，以及學校應有自由去組織和安排教學活動，只要它們達到所要的目標。此一績效責任的趨勢，准予免除法令規定的束縛以交換學校的成就表現，有些州因而重新檢討它們的法令規章，有些州則取消大部分的規定，也有些州以促進成就導向績效責任的法規取代現行的法規。

　　成就導向績效責任制度提倡者主張，預算、人員聘用、教學和組織的決策應交給學校，由最有關的父母、教師、行政人員及有時候包括學生去做決定，他們分擔學校成就的責任，並了解事情沒有做好必須負起責任，他們要拿出成效，否則可能導致他們的學校重組或關閉的後果。

　　成就導向的制度在技術上比輸入導向的制度更複雜，它們需要建構新的方式去評量學生成就並評鑑學校和學區，設計新的評

量方式耗時且時常需要調整。同時，州正利用諸如測驗分數和輟學率的資料去評量學生成就，有些州則較強調以改善教學實務的績效責任措施。州已因沒有能力支援成就導向的績效責任制度而受到批評，同樣地，州在實施大規模的教育改革時，時常缺乏所需的人力及資源以支持學校和學區，以致陷入實施成就導向績效責任制度及保留原有制度的兩難之中。

雖然對成就導向的制度仍有些關切及不確定性，但社會大眾似乎想要這樣的制度，民眾關心教育的程度提高了，而且對教育體系要求更多。民眾不是從學區或州了解現行的教育概況，而是從媒體及其他公共的資訊來源獲悉學校的表現，有些研究者表示這些來源傾向於挑選教育體系中最具爭議且時常是負面的部分。

州推出的成績報告單有助於民眾對教育成效問題的檢視，不過成績報告單及新聞媒體公布績效責任的結果，有時導致行政人員抗拒提供任何資訊，深怕受到社會大眾的批評。而且，學校、行政人員、家長、教師、學生及其他人士不一定了解成就導向的績效責任制度，他們時常不知道做什麼去改善學生成就，所以當學生成就下滑時，他們感到挫折。

為了公立學校體系的運作，民眾需要分擔績效責任，這意味著學校與民眾之間的溝通需要改善，而且民眾需要參與績效責任制度的發展，如建構評量測驗、成就指標、資訊公布、改善誘因及協助辦學不力學校的策略。

五、特許學校

　　明尼蘇達州1991年制定美國第一項特許學校法以來，已歷經十年，從那時候起，特許學校運動已在美國迅速成長。目前，全美有三十七州制定特許學校法，並有超過兩千所特許學校成立。的確，特許學校的理念在民眾的心目中已十分普及，包括立法人士、教師和家長。

　　特許學校運動的建構要素是經由鬆綁換取績效責任，各州對特許學校免除許多法令規定的束縛，惟要求對學生成就負起較多的績效責任，如此鬆綁與績效責任的結合旨在免除特許學校經營者嚴格法令規章的束縛，好讓他們實施創新的教育方式。特許學校可能是最為鬆綁的教育形態，高度的校園自主是它與傳統公立學校不同之處。

　　美國教育部2001年6月出版的《特許學校績效責任之研究》（*A Study of Charter School Accountability*）中指出，特許學校是一種新的公立學校，必須對所有學生開放並達到州的標準，但是它們比傳統公立學校有更大的自主空間並承受更多的負擔：它們最重要的自主性是運用公家經費並依創新的方式教導學生；它們最重要的負擔則是需要證明學生有效學習，如果無法達成此目標，它們會失去公家經費並被迫關閉。

　　特許學校也有其他的自主與負擔，例如，可以聘用它們自己

的教師，自行安排用於行政與教學的經費，決定在社區中建校的地點，並讓家長事先了解學生應該做什麼以便在校學習成功。而這些自主帶來的負擔是：需要招募能夠自由選擇在其他地方工作的教師、需要盡可能有效地完成行政事務，好把花費用在教學、需要花錢租用空間，以及需要吸引並留住能夠為孩子自由選校的家庭。

然而，如前所述，除非特許學校已有支持學校革新及提供學生高品質教學機會的人員與措施，自主可能沒有重大的作用，如同法規豁免，自主僅是幫助完成組織目標的一項工具。

特許學校使用各種績效責任的機制去公布它們進步的情形，諸如標準化測驗、全州性評量、成就導向的測驗、學生檔案卷宗、家長滿意度調查、學生晤談及出席概況等，這一系列的機制有別於傳統學校所採的機制，這些不同機制使得特許學校之間以及特許學校和傳統公立學校之間，很難比較其辦學的成效。

當愈來愈多州通過特許學校的立法，以及聯邦政府持續提供研究資料、技術協助及開辦費去支持特許學校，顯而易見的，特許學校運動正在全美各地獲得有力的支持與發展。

六、州教育鬆綁策略

近年來，有些州經由立法推動教育鬆綁。例如，華盛頓州1999年宣布州應該尊重與支持地方在規畫、財務、學校經營（含

教學活動）等方面的彈性；肯塔基州 2000 年立法授權肯塔基州教
育理事會，基於地方教育總監的要求，豁免報告及書面作業的規
定，不過聯邦法律所訂或相關保健、安全或人權的報告除外；北
達科他州 2001 年立法允許任一學校或學區向州教育廳申請任何學
校認可管理規定的豁免，倘若這項豁免能夠促進革新或加強學生
學習的機會，惟豁免不能超過一年（請參閱表 1）。

　　為了幫助讀者深入了解州的教育鬆綁措施，茲舉實施較久的
德州為例加以說明。

　　德州早已立法採取步驟減少教育法規的數目與範圍，提供地

表 1　州教育法規鬆綁立法案例

州名／立法時間	立法內容
北達科他／ 2001 年 4 月	允許任何學校或學區向州教育廳申請管理學校認可規定的豁免，倘若豁免激勵創新，或有改善學生學習的潛力，惟豁免不能超過一年。
肯塔基州／ 2000 年 3 月	授權州教育理事會，基於地方教育學校的要求，豁免學區報告和書面作業的規定，不過聯邦法令規定或有關保健、安全或人權的報告除外。
南卡羅萊納州／ 1999 年 6 月	制定南卡羅萊納州教育鬆綁夥伴關係法（South Carolina Education Flexibility Act of 1999），授權教育廳在某些條件下，准予學校和學區免除州特別法令及教育法規。

資料來源：Education Commission of the States (n.d.). *Recent state policies/activities — deregulation/waivers*. Retrieved August 10, 2001 from http://www.ecs.org/ecsmain.asp?page=/html/issues.asp?am=1

方學區及學校前所未有的彈性，去配合學生需要經營教育，地方控制權的提升，伴隨對其績效責任的要求，是德州確保所有學生達到學業標準的努力。基於這項立法美意，德州教育廳（Texas Education Agency, TEA）進行一項公立學校鬆綁的重要計畫，這項鬆綁計畫包括三方面：即檢討沒有必要的州教育法規、核准並支持開放入學的特許學校（open-enrollment charter schools），及豁免州與聯邦法規以移去妨礙學生表現的障礙。

德州教育廳從 1991 年迄今，對州教育理事會及本身所訂的法令規定進行四次的日落檢討（sunset review），最近的一次將在 2001 年 9 月至 2006 年。為了進一步促進地方的教育自主，1995 年新的德州教育法（Texas Education Code）建立了開放入學的特許學校，特許學校比其他公立學校受到較少法規的束縛，並可運用創新的方法教育學生。從 2000 年 9 月開始，州教育理事會已核准一百八十九件特許契約。

特許契約是在全州性評量測驗與績效責任制度下受到監督與認可，就像學區一樣，特許學校是基於德州學業能力測驗（TAAS）、輟學率接受評鑑，特許契約一次為期五年且依成效續約，除了績效責任制度的評鑑之外，特許學校每年也接受獨立評鑑小組的考核。

雖然州教育法規的檢討鬆綁以及德州教育法准許成立特許學校，已大幅提升地方的權力與彈性，學校和學區仍可繼續尋求法規豁免。據統計，德州教育廳 1999 學年度核准一千七百件法規豁免案件，學區和學校最常提出的案件是要求調整學校行事曆，以爭取額外的在職進修時間，教育廳長共核准五百八十件增加在職進修時間，最多為三天（相關資訊請參閱表 2）。至於規定嚴格

的班級學生人數的豁免，只有在特殊困難的情況下及每次申請只有一學期的原則下才會核准。

表 2 德州一般法規鬆綁核准概況表 (1999-2000)

案件類別	核准數目及比例
增加在職進修時間	580(34.1%)
在職進修 閱讀/語言藝術 閱讀/語言藝術、數學 數學	35(2.1%) 36(2.1%) 20(1.2%)
選課規定	76(4.5%)
教師檢定	105(6.2%)
修改時間表 另類教育計畫 德州學業能力測驗	48(2.8%) 132(7.8%)
學生辨識/資賦優異	25(1.5%)
提早下課日	397(23.4%)
懷孕有關服務	26(1.5%)
教科書	154(9.1%)
其他豁免	66(3.9%)
一般法規豁免核准統計	1,700(100.0%)

資料來源：Texas Education Agency (2000). *2000 comprehensive biennial report on Texas public schools*. Retrieved August 8, 2001 from http://www.tea.state.tx.us/reports

　　德州教育廳表示，州法規鬆綁的影響是正面的，可以從整體學生德州學業能力測驗成績的提高，以及在績效責任制度評比下榮獲績優學校數的增加，獲得印證。

七、聯邦教育鬆綁策略

　　至於美國教育部與州、地方學區建立夥伴關係推動標準為導向的教育改革以來，強調用鬆綁彈性換取績效責任，1994年，該部在目標2000年教育法（Goals 2000: Educate America Act）下，建立了所謂的「教育彈性夥伴關係示範計畫」（Education Flexibility Partnership Demonstration Program），授權包括德州在內的十二個州，提供它們的地方學區豁免聯邦法規的權力，以促進它們標準導向教育改革的努力。該鬆綁計畫為期五年，目的是經由增加聯邦教育計畫執行的彈性，以交換加強對學生成就負起責任，期幫助學區和學校進行改革，並提高學生的成就水準。

　　1999年，美國國會通過「教育彈性夥伴關係法」（Education Flexibility Partnership Act of 1999, Ed-Flex），允許五十州申請豁免聯邦法規，以換取更多的績效責任。該法案已使Ed-Flex計畫不限於十二個州。美國教育部2001年4月宣布德州已在該法案下持續擁有豁免聯邦法規的權力，據了解目前只有七個州有新的Ed-Flex權力。教育部長Paige表示，Ed-Flex鬆綁計畫係提供致力教育改革和績效責任的州更大彈性，去使用聯邦資源改善所有孩子

的教育品質。

由上可知，德州表現優異享有聯邦所賦予的教育彈性權力，以1999學年度為例，德州教育廳長運用上述的權力，提供所有學區豁免三項聯邦行政法規，以減少規定的書面作業，而且七十七個學區也接受一項或以上的教育計畫法規豁免，總之，Ed-Flex計畫是德州進行教育鬆綁的另一項重要因素。

布希總統在 2001 年所提「不讓孩子落後」的教改藍圖中，「擴充彈性，減少官僚」（Expanding Flexibility, Reducing Bureaucracy）是他的主要策略之一，具體措施包括加強法案第一章補助計畫的彈性、增加學校科技使用經費並簡化申請手續、減少補助款撥發作業，及新的州和地方彈性選擇。在最後一項措施下，免除特許州和學區現行分類補助計畫之規定，以換取它們提出五年成績改善的協議，並接受嚴格的績效責任標準。以上簡述布希政府教改藍圖的教育鬆綁措施，特許州和學區（charter states and districts）是最新穎的構想。

八、教育鬆綁的問題

美國各州教育協會指出，實施教育鬆綁帶來的主要問題是經費（funding）、均等（equity）及公立學校選擇（public school choice）。

首先談經費及額外資源支援鬆綁的問題，有些州已分配額外

經費支持由法規管制的學校轉型為鬆綁的組織，例如，華盛頓州的「二十一世紀學校計畫」（Schools For 21st Century Program）給予鬆綁學校經費，以進行額外十天的教學準備與在職進修。學校發現這項鬆綁比起法規豁免對它們的成功更具效用。在德州的一項學校鬆綁計畫下，區域教育服務中心協調員對特定學校提供個別化的服務，教師們表示設置協調員比法規豁免更有用，因為法規豁免不能真正協助他們完成工作。最後，對南卡州鬆綁學校校長及教職員的調查研究顯示，缺乏額外經費以進行鬆綁是進步的主要阻力。有些學校和學區人員似乎想要鬆綁，但是先決條件是州方面能提供額外的人力與經費資源，沒有這些資源，他們不相信有能力或資源去從事一項法規豁免所帶來的工作。有一個例外，那便是鬆綁可以在已經有扎實組織的學校中運作，學校申請鬆綁在於排除相關的障礙。

其次是均等的問題，均等問題時常伴隨教育鬆綁出現，特別是只有獲准學校容許鬆綁，而其他學校卻必須遵守舊有的法規，這種狀況會引起所謂差別待遇的問題。同樣地，在成就導向的績效責任制度下，均等問題是不顧及學生的社會背景，在什麼程度上學校、學區應為學生表現受到獎勵或懲罰，換句話說在施以獎懲之前，制度是否該將社經背景列入考慮以求公平？或者，依學生社經背景或以往表現對貧窮學生設定較低的期望，並準此要求學校為較低的成就標準負責？決策者認為目前的許多規定在於確保均等，例如安排公車接送黑白學生（busing）及其他禁止歧視的政策，以確保低收入家庭及少數族裔的孩子與白人孩子享有同樣的教育機會。然而最近取消公車接送黑白學生的鬆綁措施，是否將導致學校再度走上種族隔離及造成其他不平等，已經激起很

大的爭論。

學校選擇是教育鬆綁留下的第三個主要問題。磁性學校、特許學校及其他選擇計畫是基於市場機制，因為家長能夠選擇對他們孩子最有益的學校，他們期待學校努力去提供他們所需的服務，倘若其他學校辦得好，那麼低成就學校必須改善，否則它們將失去顧客甚或導致關閉的危機。支持學校選擇的人士認為，家長應有權利選擇他們社區以外的學校，這些學校以往係保留給有特權的家庭。其次，如私人企業給我們的啟示，競爭將帶來更有效率的服務與產品。惟關切學校選擇的人士則表示，最受歡迎的學校很快便註冊額滿，留下品質低的學校去服務其他學生。研究者表示，光是競爭無法改善整體教育，反而需要一套不同的績效責任機制來確保均等。

九、結語

以上是美國教育鬆綁的策略與問題，這不難讓我們聯想到，教育鬆綁在我國教育改革所扮演的角色。行政院教育改革審議委員會於 1994 年 9 月成立後，積極研議我國教育改革的理念和方向，其中教育鬆綁便是大家的重要共識，將它視為當前教改的先決條件，也就是說，教改須自教育鬆綁入手。該委員會於 1996 年 12 月出版的總諮議報告書中，將教育鬆綁列為五大改革方向之首，建議調整中央教育行政體系、促進各級教育鬆綁、保障教師

專業自主權、促進民間興學和辦學的鬆綁等項目。

　　陳水扁總統 2000 年 5 月就任後，在其「台灣新世紀的教育願景」中，提出落實教育自主性的改革政策，包括中央教育權力下放、鼓勵私人興學和提升教師專業自主權。他認為在自由、開放和民主的潮流影響下，社會的發展邁向多元化，教育在課程、師資、教學和制度等各方面，繼續堅守一元化政策，已完全不能符合社會發展的趨勢。

　　教育部長曾志朗在服務周年記者會中表示，「我們將堅定推動以往鬆綁的教育政策，要把過去從上到下一條鞭的教育體系，改變成開放、參與的」，他並提出建立民間參與的模式和「教學創新、九年一貫」的理念，以及強調專業自主教育行政退居服務角色的前瞻性看法，在在都顯示曾部長持續推動教育鬆綁的政策方向。

　　企業家許文龍 2001 年 7 月應邀在教育部部務會報中演講，從另類角度省思我們的教育問題，其中對教育鬆綁的看法，也值得我們參考。許董事長表示：教育應該從「用最少的錢獲取最大的利益」去思考，鼓勵民間興學是最好的作法，私立學校的經營，在掌握經濟原則、自由競爭方面，會有好的表現。另外，教育須鬆綁，最應鬆綁的是父母親的價值觀念，父母將自己的價值觀強行加諸子女身上，就是一種綁，只有鬆了這個綁，孩子學習才會快樂。由上可知，我國的教育鬆綁工作，牽涉的層面很廣，未來仍有很長的一段路要走。

　　雖然中美兩國同是從教育鬆綁切入進行改革，惟兩相比較仍可看出其不同之處。美國教育體系傳統上已較彈性分權，所以鬆綁幅度小且重點放在豁免不必要的法令規定；而我國以往長期處

於戒嚴時期，基於政治因素的考慮，各級學校受到不當的管制，致目前鬆綁幅度大且重點放在整個教育體制上。

其次，美國各州強調經由鬆綁及增加彈性去加強學校的績效責任，即要求學校對所有學生成就負責（accountability for performance）；而我國則強調經由鬆綁達成現代化的教育目標，並在鬆綁的過程中要注意自律、負責和避免傷及均等的教育機會。

另楊巧玲教授在分析中美鬆綁、分權的社會脈絡時表示：在美國，教育鬆綁與學校分權比較是經濟條件下的產物，以提高競爭力、追求卓越為教育改革的目標。

相對而言，在台灣，教育鬆綁與學校分權則比較是政治情勢下的結果，以解除國家管制、人民自主為教育改革的目的。

最後，中美兩國雖然已有相當文獻討論教育鬆綁的理念和措施，但各種鬆綁措施對教育體系運作或學生成就的影響卻少有研究，未來似乎應有更多這方面的研究來導正我們推動相關政策。筆者只盼本文所介紹的美國教育鬆綁，包括德州的鬆綁實例，可作為我們持續推動開放參與、彈性自主進而確保提升教育品質之參考。

參考文獻

行政院教育改革審議委員會（民 84）。**第一期諮議報告書**。台北：作者。

行政院教育改革審議委員會（民 85）。**教育改革總諮議報告書**。台北：作者。

陳水扁（民 89）。**台灣新世紀的教育願景**。台北：作者。

許文龍（民90）。許董事長文龍演講摘要。教育部第四二六次部務會報記錄，7月20日。

曾志朗（民90）。與世界同步學習：教育決定台灣的未來、你我決定台灣的教育。部長服務周年記者會談話，5月17日。

楊巧玲（民88）。教育鬆綁與學校分權的教育改革策略分析。**教育行政論壇**，國立台灣師範大學，3月10日至11日。

Education Commission of the States (2001). *Site-based decisionmaking* [On-line]. Available: http://www.ecs.org/ecsmain. asp? page= /html/newsMedia/e-connection.asp

Education Commission of the States (1997). *Deregulation: Review of research on deregulation in education* [On-line]. Available: http:// www.ecs.org/ecsmain.asp? page=/html/issues.asp? am=1

Education Commission of the States (2001). *Collection of charter schools ECS State Notes* [On-line]. Available : http://www.ecs.org/ clearinghouse/24/11/2411.htm

Fuhrman, S. H. & Elmore, R. F. (1995). Ruling out rules: The evolution of deregulation in state education policy. *Teacher College Record, 97(2)*, 279-309.

Education Week (2001). *Charter schools* [On-line]. Available: http:// www.edweek.org/context/topics/issuespage.cfm? id=42

National Commission on Governing America's Schools (1999). *Governing America's schools: Changing the rules.* Denver, CO: Education Commission of the States.

Paige, R. (2001). *Prepared remarks for speech to the EMPOWER.org/ Pacific Research Inistitute education summit* [On-line]. Available:

http://www.ed.gov/Speeches/ 02-2001/010228.html

Texas Education Agency (2000). *2000 comprehensive biennial report on Texas public schools* [On-line]. Available: http://www.tea. state. tx.us/reports

Thomas B. Fordham Foundation (1998). *A nation still at risk* [On-line]. Available: http://www.edexcellence.net/library/manifes. html

U.S. Department of Education (2001). *No child left behind* [On-line]. Available: http://www.ed.gov/inits/nclb

U.S. Department of Education (2001). *Texas allowed flexibility in federal education programs* [On-line]. Available : http://www.ed.gov/ press Releases/04-2001/04022001.html

U.S. Department of Education (2001). *A study of charter school accountability* [On-line]. Available: http://www.ed.gov/pubs /char tacct

數位落差：挑戰與因應措施

一、前言

　　近年來，由於資訊科技和網際網路的快速成長，今天已普及到世界各個角落，其所建構形成的數位化時代，已對整個人類帶來前所未有的衝擊。面對此一數位革命的發展，各國政府及國際性合作組織，如八大工業國家（G8）、亞太經濟合作理事會（APEC）和經濟合作發展組織（OECD）等，莫不對資訊科技與

網路使用衍生而來的數位落差（digital divide）問題，提出警訊及因應策略。

2000 年 4 月 G8 教育部長、歐盟執行委員會（European Commission）教育代表、OECD 及聯合國教科文組織（UNESCO）觀察員，在日本東京召開部長高峰會議，在教育革新與資訊通信科技上，一致同意分享減少教育科技取得障礙的有效策略，進而消弭國內及國家之間的數位落差；7 月間 G8 領袖和歐盟執行委員會主席在琉球舉行領袖高峰會，並發表聯合公報，在邁向更繁榮的二十一世紀的主題下，也提出有關數位機會與數位落差的三項因應策略：

1. 資訊科技有益並結合世界各地的人民，讓彼此相互認識與交流，它也有廣大潛力促進各國經濟發展、加強公共福利及提升社會凝聚力和民主成長，所以必須讓所有人擁有數位機會。

2. 在通力合作下，我們將加強資訊科技的最大效益，並確保它們為那些少有接觸的人所擁有，在這方面，我們歡迎私人機構所做的貢獻，諸如世界經濟論壇的全球數位落差計畫以及全球電子商務企業對話（GBDe）的機制。

3. 為達成這些目標，我們承諾實現琉球全球資訊社會憲章（Okinawa Charter on the Global Information Society）所確立的目標（按：包括擷取數位機會、縮短數位落差兩部分的構想），並成立一個數位機會特別小組，該小組將於下次會議中，針對縮短國際資訊和知識落差的全球行動，提出它的研究結論與建議。

2000 年 11 月在汶萊舉行的 APEC 部長會議，強調新經濟發展中人力資源的重要性，為了加強各經濟體之人才能力建構，2000 年主事會員體汶萊與 2001 年主事會員體中國大陸，於 2001 年 5

月在北京共同舉辦「新經濟人力能力建構高階會議」，我方與會代表在會中向大會提出化數位落差為數位機會的構想，並向各會員體介紹我們推動「數位機會」（digital opportunity）的經驗；此外在汶萊舉行的 APEC 部長會議中，我國倡議「轉化數位落差為數位機會」，期協助各會員體發展電子商務應用之能力，以因應數位化時代之挑戰。我國並依各會員體的請求，於 2001 年 7 月在台北召開是項會議，研商 APEC 縮短數位落差、創造數位機會的未來合作方向，討論的主題包括數位化教育、電子化公共化服務、供應鏈管理、行動商務、電子交易市集等。

由以上 G8 和 APEC 各會員國最近合作迎戰數位落差的共識，我們不難了解它對國家社會所帶來的潛在威脅，如何消弭這種落差成為當前各國重要的課題，就算科技先進的國家亦不例外。此次現代教育論壇以數位落差和數位機會為討論的議題，可謂深具意義。

本文將以美國近年來推動資訊科技、縮短數位落差的經驗，與參加論壇的教育工作者分享，盼它在因應數位化時代的挑戰上，可作為我們的參考與借鏡。

二、數位落差的含義

Paul Gilster 在 1998 年發表的《數位素養》（*Digital Literacy*）一書，論及網際網路時代所須具備的數位素養時，將「數位素養」

界定為取得電腦網路資源並加以應用的能力。由於網際網路已從最初是科學家的工具演變成全球性資訊上網與研究的媒介,並開放給每一個擁有電腦及數據機者,所以今天它像駕照一樣,成為人人必備的知識。至於使用網路的數位素養包含三種主要能力:思考判斷網路資訊、整合各種來源的可靠資訊,以及發展資訊蒐尋能力。當然,地球村中的每個人若能具備如 Gilster 所稱的數位素養,必能共享數位化時代所帶來學習、工作、娛樂多方面的益處,而大家所期盼的社會公平正義、世界共存共榮的理想將更易實現。

　　至於新時代所產生的數位落差,前幾年還是相當新的名詞,正如 2000 年《數位落差》(*Digital Divide*)的作者 David Bolt 提到,當他在 1997 年為美國公共電視製作數位落差系列報導時,很少人熟悉數位落差的概念,惟經過相當時間的討論,幾年後已成為流行的詞彙。更重要的是,針對這種落差所提的因應措施已有很多且在持續發展中,Bolt 表示,探討數位科技時要記住的是,一方面是取得(access)問題(量的面向),另一方面是內容(content)問題(質的面向),「這是為什麼我在《數位落差》這本書及公共電視數位落差系列報導探討數位科技質與量的問題,從小學電腦在課程中的角色到美國經濟中科技工作的成長皆有」。據了解,《數位落差》一書從教育、工作、族裔和性別等因素,去探討美國社會中數位落差的問題。

　　由於數位落差是新興的詞彙,也有其他譯名如數位差距、數位區隔、數位鴻溝或數位格差等,其譯名雖有不同,但所指的內涵卻大同小異。例如,陳曉開和袁世珮在 1998 年翻譯的《N 世代》一書中,原作者數位未來學家(digital futurist)Don Tapscott

指出，數位革命已將社會區隔為資訊豐富及資訊貧乏、知道及不知道、做與不做的族群，此即所謂的數位落差。這種現象不僅是接近新媒體的問題，更涉及服務的提供、技術的便利、使用的動機和學習的機會等方面的落差，這會帶給我們一個兩極化的世界：有—沒有、知道—不知道、做—不做。根據「數位落差網」（Digital Divide Network）的說法，在能夠有效使用資訊科技和不能夠有效使用資訊科技的人群、社區之間，總存在著一條鴻溝。目前，這種科技使用的不公平現象，比以往排除了更多人享有新經濟的成果。我們使用「數位落差」一詞，意指能與不能有效運用新資訊和通訊工具如網際網路的人群、社區之間的差距，雖然這種落差存在程度及其是否增加或縮小並沒有一致的共識，但是研究者幾乎一致認為此時此刻某種落差的確存在。

三、數位落差的現況

當資訊科技在美國民眾的經濟與社會生活扮演的角色增加時，若有人在資訊時代落後，便會蒙受不利的影響，這種數位落差的現象也將對工作人力發展及整個國家的經濟利益帶來威脅。是以，美國柯林頓政府，尤其是教育部、商務部，近年來均致力於消弭公立學校、社會大眾中所存在的數位差距。從它們最近發表的調查研究報告顯示，整個國家大體上正朝數位融入（digital inclusion）的方向邁進，目前幾乎所有公立學校已連上網路，而且

美國民眾在生活上應用資訊科技工具的人數也快速增加。儘管如此，數位落差仍然存在。以下分別介紹美國公立學校和社會大眾使用資訊科技及連接網路的現況。

首先要探討的是，美國公立學校和教室連接網際網路令人稱羨的進步狀況。美國國家教育統計中心（NCES）從 1994 年起，便展開調查公立學校連上網路的比例，這些年來的調查，讓美國教育部能夠掌握公立學校學生和教師取得資訊科技的進步狀況，每年約挑選全國一千所公立學校作為調查樣本，而且從 1996 年起的網路連線類型，以及 2000 年時學校以外時間的上網等問題也納入調查。2002 年秋，幾乎所有美國公立學校（99%）已連上網際網路，相較之下 1994 年只有 35%，而且與以往的年度不同的是，1999 年起學校特徵如貧窮程度或學校所在地區，對學校上網的狀況實際上並未造成差異，有關美國公立學校連接網際網路九年來的進步狀況，請參閱表 1。

其次，美國民眾目前連上網路及擁有電腦也比以前多，這使得他們更能夠參與數位化經濟的活動與生活。美國商務部在這方面扮演重要的角色，該部所屬國家電信暨資訊總局（National Tele-communications and Information Administration, NTIA）近年來調查掌握美國民眾擁有利用數位化科技的發展概況，調查發現民眾的數位落差已大幅改善，該部 1995 年、1998 年、1999 年及 2000 年發表了四次《從網路中跌落》（*Falling Through the Net*）的系列研究報告，分別就美國鄉村未擁有資訊者現況（A Survey of the "Have Nots" in Rural America）、數位落差新資料（New Data on the Digital Divide）、界定數位落差（Defining the Digital Divide）以及邁向數位融入（Digital Inclusion）等主題，提出相關統計與

表 1　美國公立學校連結網際網路比例（1994-2002）

學校特徵＼年度	1994	1995	1996	1997	1998	1999	2000	2001	2002
所有公立學校	35	50	65	78	89	95	98	99	99
學校教育階段									
小學	30	46	61	75	88	94	97	99	99
中學	49	65	77	89	94	98	100*	100*	100*
學校規模（學生人數）									
少於 300	30	39	57	75	87	96	96	99	96
300 -999	35	52	66	78	89	94	98	99	100*
1000 或以上	58	69	80	89	95	96	99	100	100
學校所在地									
市區	40	47	64	74	92	93	96	97	99
郊區	38	59	75	78	85	96	98	99	100
小鎮	29	47	61	84	90	94	98	100	98
鄉村	35	48	60	79	92	96	99	100*	98
少數族裔學生人數比例									
少於 6%	38	52	65	84	91	95	98	99	97
6%-20%	38	58	72	87	93	97	100	100	100
21%-49%	38	55	65	73	91	96	98	100	99
50%或以上	27	39	56	63	82	92	96	98	99
符合免費或減價學校午餐比例									
少於 35%	39	60	74	86	92	95	99	99	98
35%-49%	36	48	59	81	93	98	99	100	100
50%-74%	31	41	53	71	88	96	97	99	100
75%或以上	20	31	53	62	79	89	94	97	99

備註：*估計的百分比介於 99.5 至 100 間，經四捨五入為 100。

資料來源：National Center for Education Statistics (2004). *Internet access in U. S. public schools and classrooms: 1994-2002.* Retrieved October 24, 2004 from http://nces.ed.gov/ pubs/2004/ 2004011.pd

結論。該部配合報告的發表，亦分別於 1998 年 2 月、1999 年 12 月舉辦「連結美國民眾」（Connecting All Americans）研討會和「數位落差高峰會」（Digital Divide Summit），以探討公私立機構在消弭科技鴻溝上的現行措施，以及如何擴大協調各方所做的努力，早日將所有美國民眾連上資訊高速公路。

筆者不打算一一說明相關報告的內容，只就 2000 年 10 月《邁向數位融入》報告所顯示的數位落差現象加以說明。

誠如前總統柯林頓在這次報告發表時所言：「雖然為全國民眾縮小數位落差及創造數位機會仍有許多地方亟待努力，但我樂見美國民眾接觸電腦和網路的人數顯著增加，對於許多低收入、鄉村及少數族裔家庭目前連結網路的速度超過全國的平均值，我感到特別欣慰。」《邁向數位融入》的報告指出，美國整體的數位融入快速增加如下：

1. 家庭連上網路從 1998 年 12 月的 26.2%增加至 2000 年 8 月的 41.5%（請參閱圖 1），增加率為 58%。

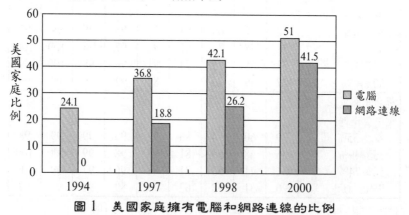

圖 1　美國家庭擁有電腦和網路連線的比例

資料來源：U.S. Department of Commerce (2000, October). *Falling through the net: Toward digital inclusion*. Retrieved November 3, 2004 from http://www.ntia.doc.gov/ ntiahome/digitaldivide/fttn00/contents00.html

2.家庭利用電腦的機會從 1998 年 12 月的 42.1%增加至 2000 年的 51%，增加率為 21%。

3.使用網路的美國民眾從 1998 年 12 月的 32.7%增加至 2000 年 8 月的 44%。

4.以往男女之間使用網路的差距已經不復存在。

不過，該報告的統計數字也告訴我們美國數位落差的現況如下：

1. 51%的美國家庭有一台電腦，41.5%的美國家庭與網路連線。

2.白人（46.1%）及亞裔（56.8%）家庭在網路連線上持續為黑人（23.5%）及西裔（23.6%）家庭的兩倍。

3.年收入七萬五千美元或以上的家庭有 86.3%連上網路，相較之下，年收入少於一萬五千美元的家庭只有 12.7%。

4.幾乎 65%大學畢業者在家有網路連線，接受教育低於高中程度者則在家有網路連線的只有 11.7%。

5.鄉村地區（38.9%）雖然在網路連線和使用上不及城市地區（42.3%），卻超過市中心區（37.7%）。

6.在家以外使用網路的民眾，62.7%是在工作時，18.9%是在中小學校，8.3%在其他類型學校，9.6%在圖書館，0.5%在社區中心以及 13.8%使用其他人的電腦。

Larry Irving 認為美國目前在戰勝數位落差上還言之過早。例如，超過一百萬民眾仍然沒有上網，黑人及西裔美人（尤其是貧窮的黑人及西裔美人）在接觸電腦上仍落後白人及亞裔美人，特別是在家裡，白人從家裡上網高於黑人或西裔美人從任何地方上網，而且在過去兩年，白人與少數族裔連結網路的差距事實上拉大三至五個百分比，他表示《邁向數位融入》的報告給予我們很

多省思之處。

最後要談的是美國高速、先進的通訊服務機會，它與數位落差也有關係。在這方面，聯邦通訊委員會 2000 年 8 月就是否合理適時地提供美國民眾先進的通訊能力（advanced telecommunication capacity），提出了第二次調查報告，該委員會目前將先進通訊能力界定爲：基礎建設在每一方向有能力每秒傳輸資料達 200Kpbs 的速率，惟認爲至少在一個方向傳輸速率每秒 200Kpbs 以上的能力便可算是高速（high-speed）。基於該委員會所訂的標準，目前提供給美國民眾先進通訊能力大體上是合理而適時的，據統計，1999 年底約有二百八十萬高速和先進服務的用戶（按：1998 年底爲三十七萬五千個用戶）。不過，光交由市場因素去決定，有些群體在適時地享有先進通訊服務上將容易蒙受不利，包括鄉下人（特別是居住在人口集中地區以外）、市中心區顧客、低收入顧客、少數族裔及部落地區顧客等。

四、數位落差的因應策略

如前所述，2000 年的相關資料顯示，美國在消弭數位落差、創造數位機會已有相當成效，無論是學校、家庭或社區，已經朝「數位融入」大步向前邁進，這要歸功於聯邦、州與民間通力合作的結果，筆者將介紹美國聯邦政府，包括教育部、商務部幾年來的倡導和施行策略。

　　前總統柯林頓1996年1月發表國情咨文時指出：「在我們的學校裡，每一間教室必須以電腦、好的軟體及受過訓練的教師，與資訊高速公路連接。」為了配合這項資訊科技目標，柯林頓總統不久後簽署了具有歷史性的電訊傳播法（Telecommunications Act），並宣布一項為期五年、二十億美元的科技素養挑戰基金（Technology Literacy Challenge Fund）。電訊傳播法規定，網際網路服務業應以優待價錢提供通訊服務給學校及圖書館，以幫助學校及學生能夠上網並取得進一步的資訊服務。實施以來已大幅降低學校與教室連接資訊高速公路所需之費用。至於科技素養挑戰基金則協助州、地方及私人企業，致力於確保全國中小學提供所有學生更好的機會，以學習二十一世紀所需的科技能力。

　　前教育部長 Richard Riley 於同年6月，發表了美國第一次全國教育科技計畫——「學生為二十一世紀做好準備：迎接科技素養挑戰」（Getting America's Students Ready for the 21st Century: Meeting the Technology Literacy Challenge），揭示了美國教育科技的四項目標：*1.* 提供所有教師所需之訓練與協助，去幫助學生透過電腦及資訊高速公路學習。*2.* 發展有效的軟體以及網路學習資源，以成為學校課程不可或缺的一部分。*3.* 提供所有教師、學生接觸使用現代化電腦的機會。*4.* 將美國每一所學校、每一間教室，連接資訊高速公路，該計畫也勾勒聯邦、州、地方社區、高等教育機構、企業等促進教育科技所扮演的角色，幾年來的努力，使得全國公立學校、圖書館連接網路和教師學生使用資訊科技才有今日的成效。

　　以下分別介紹聯邦政府近年來創造全民數位機會、消弭數位落差的各項主要策略，包括科技素養挑戰基金、電訊服務教育優

惠費率（Education Rate, E-Rate）、96年網路日運動（Netday96）、社區科技中心計畫（Community Technology Center Program）、轉化數位落差為數位機會的綜合性計畫，以及提供數位機會的全國性行動呼籲。

前面提及1996年起實施的科技素養挑戰基金，在於使所有學生在二十一世紀揭開序幕時，具備基本通訊、數學、科學及批判性思考的能力。為達此目的，學校、私人機構、社區團體、地方、州及聯邦政府需要從上述的四項教育科技目標去努力。各州為爭取是項基金，於提出策略時被賦予最大的彈性，州提出科技挑戰策略的同時，可選擇讓地方社區公開申請依比例分配的基金。如果州無法提出全州性的策略，地方社區或地方社區暨私人企業聯合會可以提出地方性計畫，申請所謂的地方改革挑戰基金（Local Innovation Challenge Fund），這項變通方案可進一步確保每人能夠參與此項教育科技改造運動。各州獲得科技素養挑戰基金之多寡，完全依其學生人數而定。

其次是電訊服務教育優惠費率的政策，1996年電訊傳播法通過之後，公立學校和圖書館有資格享受全民服務基金（Universal Service Fund）的補助，這項法案的目標是要確保學校和圖書館均有能力使用資訊科技。美國教育部經過一年多的努力，促成聯邦通訊委員會（Federal Communications Commission, FCC）於1997年5月通過執行全民服務法案，這項全民服務基金的補助稱為教育優惠費率，使得中小學校及公立圖書館每年在使用電訊服務時，可節省許多費用。凡是商業用途上的電訊服務（如聲音和數據服務）、網路使用及科技進入教室所必備的內部連接等，都在全民服務基金的補助範圍內。而各個機構所得到的優惠折扣係依據其

地理位置及經濟狀況而定，由二折到九折不等。這項劃時代的措施確保所有美國孩童，無論貧富，無論住在鄉村或都市，均享有同等機會接觸網際網路的資訊，並使得全國資訊擁有者與資訊缺乏者之間的差距大幅縮小。無疑的，電訊服務教育優惠費率的實施，是美國學校、圖書館連上資訊高速公路的重要里程碑，對提供民眾和學生數位機會具有重大的貢獻。

至於加州民間發起、聯邦大力支持的 96 年網路日運動（Netday96），目的在協助每一所學校、每一間教室連接資訊高速公路。加州地區熱心教育的人士在 1996 年春天率先發起了一項 96 年網路日運動，呼籲大家爲加州中小學連上網際網路攜手合作，期爲下一代的數位素養奠定基礎，當時這項運動獲得了柯林頓總統、高爾副總統，以及 Riley 教育部長等的全力支持，並由昇陽電腦公司（Sun Microsystems）主其事，估計有一萬五千位以上的義工登記加入，其目標是在 1996 年底前讓加州公立中小學順利連上網路。其作法簡單明確，即在網路日（3 月 9 日）以前，號召各界人士組成工作小組，爲登記參加的每一所中小學完成初步的連線作業，在每校五間教室、圖書館或電腦中心之間布設電纜線，以便各校未來能夠連上網路。至於網路日當天，在登記參加的公立中小學，由學校教師、家長及行政人員集會，共同檢討校內現有的設施與技術，評估目前的狀況與資源，探討進行的步驟，爲跨入未來的網路世界邁出第一步。另一方面，成千上萬的義工就在這一天安裝基本設備及布設電纜線，連接校內五間教室、圖書館或電腦中心，於是初步的奠基工作即告完成。工作雖然相當簡單，但所採用之機具、設備、技術，與品管測試等程序，則與業界的標準並無二致。由此，學校與網際網路之連線工作無形中可

說完成了三分之一，其餘的三分之二工作為各校電腦網路與網際網路之連接，以及所有教室、圖書館或電腦中心電腦設備之添置等，則於後續階段逐步完成。在網路日來臨之前，有一些準備作業，首先必須擴大宣傳，使各界人士了解此一運動，並號召義工與廠商，在 96 年網路日的網址（http://www.netday96.com/）上登記加入，幫忙社區內學校的電腦連線工作。然後，即由各校負責人上線，檢視已在網址上登記之義工及廠商，協調安排每個人的工作內容與資助項目。網路日運動是一個典型的虛擬組織，既無固定辦公處所，亦無人員編制、經費預算，一切由熱心人士發動企業機構與個人踴躍投入，共同為教育下一代而努力，其運作方式完全在以上的網址進行。加州成功地推動網路日之後不久，已紛紛為其他州所效法，以協助中小學進入網路世界。

接下來是社區科技中心（community technology centers）成立與運作的構想。美國商務部 1998 年 7 月《從網路中跌落：數位落差新資料》的報告顯示，雖然有更多美國民眾擁有電腦，某些團體依然沒有電腦與網路連線，且這種有、無擁有資訊者之間的數位落差持續在成長。其他研究也顯示某些社區和個人無法在資訊時代中受益。於是美國教育部開始贊助成立社區科技中心，以解決貧窮的都市與鄉村偏遠社區的數位落差問題，在社區科技中心計畫下，逐年編列預算補助社區科技中心的成立，並於 2000 年 9 月贊助成立「美國連線聯合會」（America Connects Consortium），它將全面協助去建構、改善和維持以消弭數位落差為目的的社區科技中心。通常，利用社區科技中心的民眾並無電腦，而且很多人在工作場所或學校沒有使用電腦的方便，社區科技中心提供的服務有：

　　1.勞工發展與就業資訊——基本和高級的電腦技能訓練、履歷撰寫研討，及就業資料庫線上查詢。

　　2.學前和家庭教育計畫——父母能夠帶孩子來使用適合年齡的軟體，並連接其他計畫，諸如提早起跳（Head Start）、家庭基礎教育，或沒有接觸電腦的托兒教育計畫。

　　3.課後活動——提供學生統整的機會去利用協助家庭作業、增進學習活動的軟體以及瀏覽網際網路。

　　4.成人教育——個別或與現行的計畫合作，如英語為第二外語教學、成人基礎教育，或使用最新學習科技的高等教育進修活動。

　　美國商務部 1999 年 7 月《從網路中跌落：界定數位落差》（*Falling Through the Net: Defining the Digital Divide*）的報告顯示，數位落差繼續成長，且當時教育部的資料也強調全國學校所存在的數位落差，使得柯林頓總統於同年 12 月指示商務部、教育部、健康暨人類服務部以及勞工部等，共同採取縮小數位落差的具體行動，包括：

　　1.經由收入、教育、種族、性別、地理和年齡對美國人使用資訊科技的重要性之研究，持續評估數位落差的性質和程度。

　　2.擴充社區科技中心網，以提供無力擁有科技的美國民眾使用科技。

　　3.促進網際網路的運用，以賦予低收入家庭的能力如創業。

　　4.在低收入社區提升勞工資訊科技的能力。

　　白宮 2000 年 2 月更宣布柯林頓、高爾政府一項協助美國人縮短數位落差的綜合性計畫。白宮表示，「接觸電腦、網路及有效應用這項科技，對於完全參與美國經濟、政治及社會生活變得更

加重要，不幸地，因為收入、教育程度、種族及地理區域所造成的數位落差，正在美國社會中加深。柯林頓總統相信我們必須在學校、圖書館、社區及家庭裡，讓電腦、網路的利用和電話同樣的普遍」。為達此目的，必須：

1.擴大接觸科技如電腦、網路及高速網路的機會。

2.提供民眾受過技能訓練的教師及他們所需的訓練去熟悉數位化經濟。

3.促進讓美國民眾發揮最大潛力利用新科技的網路資源。

為協助達成以上目標並為更多美國民眾創造數位機會，柯林頓總統在當時提出的 2001 年度概算中包含兩大施政計畫：

1.編列包括二十億美元、為期十年的賦稅優惠去鼓勵私人機構捐贈電腦，贊助社區科技中心及提供員工科技訓練。

2.編列三億八千萬美元充當政府民間夥伴關係觸媒劑的活動，諸如訓練新進教師有效使用科技，擴充低收入家庭在家使用電腦和網路之機會，為服務欠缺的社區促進資訊暨通信科技的運用，加速私人機構在服務欠缺的都市與鄉村社區布設寬頻網路，以及為美國原住民儲備在資訊科技和其他科技領域的工作。

柯林頓、高爾政府上述縮短數位落差、創造數位機會的綜合性計畫，有賴於工業界、非營利機構和政府之間建立夥伴關係，通力合作。基於此，柯林頓總統不久後發出一項從數位落差到數位機會的全國性行動呼籲，敦請各機構企業、教育工作者及其他人士，於 2000 年 3 月底前登記加入政府縮小數位落差的行列。該項呼籲表示，「資訊科技及網路取得及使用的能力對完全參與全美之經濟、政治及社會生活愈來愈重要時，我們不能讓種族、收入、教育程度、地理環境、殘障等因素加深現有的差距」。為了

幫助更多美國人創造數位機會，必須建立政府與工業界、民間組織之間更強的夥伴關係，共同承諾採取具體行動，以達成兩項重要的國家目標：

1. 確保每一所學校的孩童取得二十一世紀的學習工具：

(1)讓每一間教室與網際網路連線。

(2)確保所有學生取得應用多媒體電腦，理想上每四到五位學生使用一部電腦。

(3)確保教師具備科技素養並能夠將科技融入課程。

(4)提供高品質的教育軟體及網路學習資源。

2. 為每一個美國家庭及社區增加數位機會：

(1)訂定讓家庭連結網路的長期目標。

(2)經社區科技中心及高速網路，將科技帶到城市、鄉村及原住民的每一個社區。

(3)給成人所須使用資訊科技的技能，並能在資訊科技領域爭取工作。

(4)激勵更多人了解網路連線的價值。

此外，柯林頓總統更親自於 2000 年 4 月間從事一周「新市場」（New Markets）之旅，以動員公私立機構縮小數位落差的努力。這趟旅行有主要的高科技總裁隨行，旨在宏揚使用科技加強孩童教育、擴大終身學習，以及創造經濟成長和高科技、高薪工作的社區。

最後，我要介紹 2000 年 12 月才發表的兩種有關教育科技和網路教育的報告，它們將對全美資訊科技和網路在教育上的運用，提供教師學生數位機會，具有重要的促進作用。

美國教育部 1996 年時發表第一本《全國教育科技計畫書》，

五年來，聯邦、州、地方和私人對教育科技的投資，已在 1996 年所訂的四項全國教育科技目標獲得重大進步，這些在電腦和網路使用、教師專業進修、技術協助和網路學習資源的投資，讓許多中小學校的教師與學生受益。

由於科技融入教學的進步及科技持續發展，該部 1999 年秋天重新修訂全國教育科技計畫，經廣泛地徵詢各界意見，終於確立了五項教育科技目標，並發表《e 學習：給予所有孩子世界級的教育》（*e-Learning: Putting a World-class Education at the Fingertips of All Children*）。這本新的全國教育科技計畫書呼籲聯邦、州和地方政府、教育界、非營利機構和協會、私人機構、社區和學校共同努力，來達成以下五項新目標：

1. 所有學生和教師將在他們的學校、教室、社區和家庭接觸使用資訊科技。

2. 所有教師將有效使用科技去幫助學生達到高的學業標準。

3. 所有學生將具備科技和資訊素養的能力。

4. 研究與評鑑將改善下一代科技在教與學上的運用。

5. 數位內容及網路化的運用將改變教與學。

整體上，這些新的教育科技目標代表更新的、高層次的策略，將確保所有學生在新興通訊與資訊科技所帶來的學習機會上受益。

其次，由於網際網路能夠提供管道取得以往難以獲得的知識，並讓超越時空限制的學習社區得以形成，它改變學習的力量是令人鼓舞的，但也充滿了危機。基於此，美國國會於 1999 年秋天成立了網路教育委員會（Web-based Education Commission），探討如何利用網路加強所有學習者的學習機會，從幼稚園、小學、中學、大學到公司的訓練，經過一年的研究，該委員會於 2000 年

12 月向總統、國會及全國民眾提出《促進學習的網路力量：從承諾到行動》（*The Power of the Internet for Learning: Moving From Promise to Practice*）報告，並呼籲採取以下的行動：

1.使新而有力的網路資源廣泛並公平地提供給所有學習者，特別是寬頻上網。

2.提供各級教育階段行政人員和教師持續而相關的訓練與協助。

3.建構人們如何在網路時代學習的一種新的研究架構。

4.發展符合卓越教育標準的網路教育內容。

5.修訂阻礙革新的老舊規定，並由含括隨時隨地和不同步調的學習途徑取代。

6.保護網路學習者並確保他們的隱私。

7.經由傳統和新的來源籌措足夠的經費去支援科技與網路學習。

網路教育委員會也期許新的國會和政府，將 e 學習實施計畫列為未來聯邦教育政策的中心要項，此一 e 學習實施計畫的目的應該是在協助地方社區、州教育機構、高等教育機構及私人機構所做的努力，「現在正是我們共同努力將促進學習的網路力量從承諾化為行動的時候」。

五、結語

　　綜上所述，美國雖然貴為資訊科技大國，但在數位化時代的今天，學校、家庭及社區中仍存在著數位落差，而且電腦、網路等數位化科技的擁有者與未擁有者之間的差距有拉大的趨勢，不過美國近年來消弭數位落差的努力和構想，諸如電訊服務教育優惠費率、網路日運動、社區科技中心，以及 2000 年從數位落差到數位機會的綜合性計畫與全國性行動呼籲等，對於提升全民數位素養已有相當的成果。此外，令人印象深刻的是，美國政府機構如教育部、商務部、聯邦通訊委員會，甚至非營利機構如邊頓基金會（Benton Foundation），定期或不定期對學校、家庭與社區的數位落差進行調查研究，俾確切掌握它的真相，並提出對症下藥的良策。

　　面對數位化時代所帶來的挑戰，我國政府和民間也不遺餘力謀求因應之道。除了教育部的資訊教育基礎建設計畫外，行政院研考會等舉辦有關數位落差研討會，資策會為消弭城鄉數位落差，與軟體暨網路產業舉辦研討會，並希望合力把南投災區 e 起來，以及 IBM 小小探險家計畫在二十四所原住民小學進行縮短學習數位落差的活動，都是很好的例子。

　　教育部自 1997 年起便全力推動「資訊教育基礎建設計畫」下的各項策略，積極充實資訊教學資源、改善教學模式、加強師資

培訓、延伸台灣學術網路至中小學校、充實及汰換學校電腦軟硬體、推動資訊科技融入教學、實施國中電腦必修，以及辦理資訊教育相關推廣活動，期使資訊教育向下扎根並普及全民。該部過去一年另規畫「中小學資訊教育總藍圖」，勾勒「資訊隨手得，主動學習樂；合作創新意，知識伴終生」的願景，訂定實施策略及指標等，期使我國資訊教育邁向新的里程碑。

其次，有鑑於資訊科技發展所造成的數位落差，行政院研考會、中研院資訊所及資策會於 2001 年 7 月合辦「資訊社會與數位落差研討會」，分別就相關議題邀請專家學者共同研討，並在弱勢團體、社會公平、經濟發展、資訊素養及政府服務等五方面，提出多項結論與建議，盼改善數位落差所造成的社會不公現象。

筆者以為，我們若能參考美國減少數位落差的經驗，持續結合政府和民間的力量，推動相關的政策與措施，相信能夠逐步達成目標，使全民具備數位素養，並順利融入數位化時代。

參考文獻

教育部（民 90）。**新政府執政周年**，教育部工作報告。5 月 17 日。

教育部（民 86）。**資訊教育基礎建設計畫概要**[線上查詢]。資料來源：http://www.edu.tw/information/infpln/bascont.htm。

劉慶仁（民 89）。教育科技的目標與改革。載於**美國教育改革研究**（頁 30-37）。台北：國立教育資料館。

IBM 小小探險家計畫上路了（90 年 8 月 22 日）。**民生報**，D3 版。

埔里軟體研討會災區 e 起來（90 年 8 月 22 日）。**聯合報**，18 版。

Bolt, D. & Crawford, R. (2000). *Digital Divide*. New York: TVBooks.

Digital Divide Network (2000). *Digital divide basics fact sheet* [On-line]. Available: http://www.digitaldividenetwork.org/

Federal Communications Commission (2000). *FCC issues report on the availability high-speed and advanced telecommuncations services* [On-line]. Available: http://www.fcc.gov/bureaus/Common_Carrier/News-Releases/2000/hrcc0040.html

G8 Education Ministers' Meeting and Forum (2000). *Chair's summary* [On-line]. Available: http://www.mext.go.jp/English/ topics/g8/ 000101x.htm

G8 Information Centre (2000). *G8 Communique Okinawa 2000* [On-line]. Available: http://www.g7.utoronto.ca/g7/summit/2000 okinawa/

Gilster, P. (1997). *Digital literacy.* New York: John Wiley & Sons, Inc.

National Center for Education Statistics (2004). *Internet access in U. S. public schools and classrooms: 1994-2002.* Retrieved October 24, 2004 from http://nces.ed.gov/ pubs/2004/ 2004011.pdf

U.S. Department of Commerce (1999). *Digital divide summit* [On-line]. Available: http://www.ntia.doc.gov/ntiahome/digitaldivide/summit/

U.S. Department of Commerce (2000). *Falling through the net: Toward digital inclusion* [On-line]. Available: http://www.ntia.doc.gov/ ntiahome/digitaldivide/fttn00/contents00.html.

U.S. Department of Education (2000). *e-Learning: Putting a world-class education at the fingertips of all children* [On-line]. Available: http://www. d.gov/Technology/elearning/index.html

U.S. Department of Education (2000). *The power of the internet for learning: Moving from promise to practice* [On-line]. Available: http://www.ed.gov /offices/AC/WBEC/FinalReport/

U.S. Department of Education (2000). *Community Technology Centers* [On-line]. Available: http://www.ed.gov/offices/OVAE /CTC/

U.S. Department of Education (2000). *A national call to action for digital opportunity* [On-line]. Available: http://www.ed.gov/Technology/dumm-form.html

U.S. Department of Education (2000). *The Clinton-Gore Administration:From digital divide to digital opportunity* [On-line]. Available: http://www.ed.gov/ Press Releases/02-2000/wh-0202.html

U.S. Department of Education (2000). *New consortium to assist community technology centers* [On-line]. Available: http: //www.ed. gov/PressReleases /09-2000/0921.html

德州教育績效責任制度

一、前言

　　筆者在探討美國當前的教育改革時，深感績效責任不但是最熱門的話題之一，而且深受聯邦、各州與地方的重視。尤其是2001 年以來，協助各州決策者的全國教育績效責任中心（National Center for Educational Accountability）宣告成立，州長和企業領袖在全國教育高峰會中（2001 National Education Summit）決議

加強績效責任，以及布希總統簽署「不讓孩子落後法」，規定州、學區和學校為績效負起更大責任，這些事件均印證了此一重要的發展方向。的確，美國從 1990 年代初期推動標準為導向的教育改革以來，已經對學生應該知道什麼及做什麼確立了標準，並且設計測驗去評量學生和學校是否達到所訂的標準。隨之而來的問題是：當學生和學校無法達到這些標準時將如何？於是，績效責任成為教育決策者及社會大眾所關切的問題。

美國《教育周刊》曾對績效責任提出了明確的定義如下：州或學區要求學區、學校及學生對成就負責的相關政策，績效責任制度通常包括依學生成就及其他指標評比學區或學校，向社會大眾公布學校或學區的表現，以及基於它們的表現或進步施以獎懲。至於學生的績效責任係指學生通過規定的測驗才能升級或高中畢業，去要求他們對自己的學習表現負責。

其次，以協助各州推動教改為宗旨的各州教育協會則指出，績效責任制度係指提供資訊，好讓決策者、民眾及其他人士了解教育體系（課堂、學校和學區）的表現，這些資訊通常包括學生評量資料、輟學率、畢業率等指標。績效責任資訊能夠運用於以下各方面，如提供民眾資訊、幫助所有相關團體在如何改革教育體系上達成協議，或對辦學成效施以獎懲。

從以上定義，我們不難了解績效責任含括的內容是成就評量、多樣指標、評比、公布成績和獎懲措施，而被要求負起績效責任的對象是學區、學校和學生，而且績效責任強調的是學生成就，與以往強調法令規定的遵守有所不同。

此外從近年來教育文獻中，可以發現與績效責任相關的名詞有目標為導向（Goals-based）的績效責任、標準為導向的績效責

任、成就爲導向的績效責任、測驗爲導向（Test-based）的績效責任、高風險（High-stakes）績效責任及新績效責任等，也可以幫助我們認識美國教育績效責任的含義。

各州當前實施教育績效責任的方式不一，大致可區分爲嚴格途徑（hard-line approach）和低調途徑（low-key approach）兩大類。

採嚴格途徑者認爲學校和學生需要外在的驅力才會進步，例如德州，學校和學區可因學生表現佳而獲獎勵，但低於最低標準則受罰，高中生須通過州測驗才能畢業，師資培育機構會因太多學生未通過教師檢定考試而失去認可，教師評鑑與全州測驗成績相結合。

採低調途徑者則主張只要給予足夠的資源、協助和鼓勵便能促進進步，例如康乃狄克州公布每一學校成績報告（含全州性測驗的表現），獎勵一直維持進步的學區，但對沒有進步的學校未施以明確懲罰。該州投入很多心力改善教師素質，如擬訂新的證照標準、付給新進教師更多薪資、資助新進教師輔導計畫。

近年來，由於德州是全美公認教育績效責任制度最爲完備的幾個州之一，本文擬分別就其所建構的公立學校績效責任制度及師資培育績效責任制度，做深入的剖析，期對它們的實際運作狀況有進一步的了解，以作爲我們探討學校與師資培育績效問題之參考。

二、公立學校績效責任

　　1993 年，德州議會（Texas Legislature）首次立法實施全州性的公立學校績效責任制度，當時德州教育廳邀請學校教育工作者、企業及社區代表、專業組織等共同參與擬訂。由於德州早在 1986 年、1990 年分別建立了全州性的公立教育資訊管理系統（Public Education Information Management System, PEIMS）和德州學業能力測驗（Texas Assessment of Academic Skills, TAAS），使得績效責任制度的推動水到渠成。

　　至於 1985 年首次頒布的州課程標準「基本要項」（Essential Elements）則是評量測驗與績效責任的依據，尤其是 1998 年修訂公布提高水準的州課程標準「德州基本知識和技能」（Texas Essential Knowledge and Skills, TEKS），使得未來的評量與績效責任更具挑戰性。這一套制度實施迄今，隨著需要不斷地檢討翻修，已愈趨完整，茲將有關內容分別介紹於後。

　　首先，我們必須了解的是，德州公立學校績效責任制度統整課程標準、標準化測驗、學區及學校評比分級、表現佳或表現進步學校和學區的表揚、表現不佳學校和學區的懲罰，以及學校學區和州的成績報告，為執行以上評比、表揚、懲罰及成績報告等功能，端賴其學術卓越指標系統（Academic Excellence Indicator System, AEIS）。此系統是一套綜合性的資料系統，蒐羅報導所有

學區、學校的學生成就資訊和基本資料，包括以下三項成就指標：

1.基礎指標（Base Indicators）——明訂於法規中並用來決定績效責任的評比分級。

2.另類指標（Additional Indicators）——用以表揚其他法規所訂的指標成就。

3.僅供報告指標（Report-only Indicators）——提供學校和學區進一步的資訊，惟不作為績效評比或另類表揚之用。

以上指標係由法規、教育廳長所決定或州教育理事會所採用。每一學校和學區的「學術卓越指標系統」報告，顯示基礎指標、另類指標的成就表現，以及僅供報告的學校和學區基本資料，如學生、教職員和經費等，學校基本資料是用來解釋評比結果的，「學術卓越指標系統」自 1990 學年度建立後，便隨實際需要不斷地發展與演進。

其次，學區、學校評比分級（ratings）和另類表揚（additional acknowledgement）所採用的指標和標準是什麼？德州教育廳每年公布績效責任實施手冊（Accountability Manual），並分送各學區學校參照實施，茲以該廳 2001 年度實施手冊為例加以說明。

德州公立學校績效責任制度採用基礎指標來決定學區、學校的評比等級，基礎指標包括德州學業能力測驗和輟學率（Dropout Rate）兩項（按：1994 年至 2000 年基礎指標還包括上學率一項）。在一般狀況下，德州教育廳依基礎指標的評比結果將學區分為模範（Exemplary）、優良（Recognized）、學業合格（Academically Acceptable）及學業不合格（Academically Unacceptable）四個等級；同樣地，學校依成績高低分為模範（Exemplary）、優良（Recognized）、合格（Acceptable）及低成就（Low-Performing）四

個等級，而這兩項指標所訂的評比分級標準，請參閱表1。

表 1　德州 2001 年績效責任評比標準

評比等級　　基礎指標	模範學區／模範學校	優良學區／優良學校	學業合格學區／合格學校	學業不合格學區／低成就學校
2001 春季德州學業能力測驗 ・讀 ・寫 ・數學	至少90%通過每一科（所有學生及每一學生次團體）	至少80%通過每一科（所有學生及每一學生次團體）	至少50%通過每一科（所有學生及每一學生次團體）	低於50%通過每一科（所有學生或任何學生次團體）
1999-2000 輟學率	1.0% 或少於（所有學生及每一學生次團體）	3.0% 或少於（所有學生及每一學生次團體）	5.5% 或少於（所有學生及每一學生次團體）	5.5%以上（所有學生或任何學生次團體）

備註：　1.學區不能夠列為模範或優良，倘若它有以下一種情況：(1)一所或一所以上的低成就學校。(2)1998至1999學年度七至十二年級學生有一千人或以上（即學生總人數10%或以上）未在1999至2000學年度PE-IMS註冊記錄或中輟生記錄列報。

　　　　2.學生次團體包括非裔美人、西班牙裔、白人及經濟不利四種。

　　　　3.倘若某一學區/學校只因單一學生次團體的輟學率超過5.5%而被評為學業不合格/低成就，只要此一次團體的輟學率低於10%而且低於前一年，將改評為學業合格/合格。

資料來源：Texas Education Agency (2001). *2001 accountability rating criteria and standards*. Retrieved November 3, 2004 from http://www.tea.state.tx.us/perfreport/account /2001/manual/

德州學業能力測驗自 1990 年實施以來，包括閱讀、數學、寫作三科，施測對象為全州三至八年級和十年級的學生，每一科成績在德州學習指數（Texas Learning Index, TLI）上達七十分才算通過，1994 年增加西班牙語版的德州學業能力測驗（Spanish TAAS），係針對三至六年級大多數接受西班牙語雙語教育的學生。

至於另類指標雖然不是用來決定評比等級，但任何學區／學校只要是達到學業合格／合格的等級或以上，且通過任一另類指標所訂的標準，便可接受表揚。2001 年另類表揚是依據以下六項指標決定的：

1. 2000 年度一至十二年級的上學率（Attendance Rate）。

2. 2000 年度畢業生大學入學測驗成績（College Admission Testing Results）。

3. 2000 年度畢業生德州學業能力測驗／德州學業技能測驗同等能力（TAAS/TASP Equivalency）。

4. 2000 年度畢業生成績入選推薦高中計畫（Recommended High School Program Participation）。

5. 2001 年學校數學比較進步狀況（Campus Comparable Improvement: Mathematics）。

6. 2001 年學校閱讀比較進步狀況（Campus Comparable Improvement: Reading）。

其次，另類表揚的評比類別如下，至於所採的指標標準，謹舉例說明如表 2：

1. 表揚（Acknowledged）：學校或學區的成就表現經評鑑達到表揚的標準。

2. 未達標準（Do Not Quality）：學校或學區的成就表現經評

鑑未達表揚的標準。

　　*3.*資格不符（Not Eligible）：學校及學區在任一另類指標下不符合表揚的資格，包括學校是低成就或學區被評學業不合格、學區被評「暫緩：資料查詢」（Suspended: Data Inquiry）或「學業不合格：特別認可調查」（Academically Unacceptable: Special Accreditation Investigation）、學校在8月評比分級公布日被評「暫緩：資料查詢」。

　　*4.*不適用（Not Applicable）：學校或學區在另類指標上沒有成就表現可供評鑑。

表2　德州2001年另類表揚標準舉例

另類指標 ＼ 評比類別	表揚	未達標準	資格不符	不適用
1999-2000 學年度上學率——一至十二年級上學率	比率至少是：學區 96.0% 小學 97.0% 初中 96.0% 高中 95.0%（所有學生及每一學生次團體）	比率低於所訂的標準（所有學生及每一學生次團體）	學校被評為低成就或暫緩：資料查詢；及學區最初或最後被評學業不合格，暫緩：資料查詢；或學業不合格，特別認可調查	學校依另類教育績效責任程序評比及沒有上學率資料的學校（例如托兒所／幼稚園及新設立）

備註：以上所指的學生次團體是非裔美人、西班牙裔、白人及經濟不利的學生。

資料來源：Texas Education Agency (2001). *2001 accountability rating criteria and standards.* Retrieved November 3, 2004 from http://www.tea.state.tx.us/perfreport/account /2001/manual/

　　最後，僅供報告的指標提供有關學區或學校的基本資訊，但它們並不是績效評比或另類表揚的依據。在某些狀況下，這些指標可能在未來列入評鑑，績效責任制度容許新指標在成為基礎或另類指標之前使用若干年，一般說來，新指標提出一年，予以報告兩年，並於第四年才用以評比或表揚。

　　有關績效責任實施的後果問題，德州也有一套辦法，事實上績效責任真正的效力，在評比等級上強調個別學校及學區的表現，便提供了大家重視績效的強烈誘因，茲分為學校（區）和學生兩方面說明。

　　德州法令規定對成績優異或進步，提供金錢獎勵，德州議會1999年在德州績優學校獎勵辦法（Texas Successful Schools Award System, TSSAS）之下，撥款五百萬美元作為2000年和2001年獎勵之用，2001年獎勵係基於2000年評比結果，提供模範、優良學校及合格且學生成績有顯著進步的學校，模範學校更可享有免受州法令規定的束縛。

　　此外，1995年頒布實施的德州教育法（Texas Education Code）中訂有校長獎勵辦法（Principal Performance Incentive Program, PPIP），成績優良或進步的學校校長可獲獎金及公開表揚。

　　法亦明文規定對成績太差者施予懲罰及補救，評比最低的學區和學校必須於次學年度接受同儕審核小組的訪視，而且必須針對表現欠佳的部分進行改善計畫，倘若學區或學校連續兩年或以上評比最低，則州干預程度將隨之增加。德州州議會1995年時設立公立教育補助計畫（Public Education Grant Program, PEG），協助表現太差學校的家長將子女轉學，甚至轉到學區以外的學校。

　　至於學生對於績效責任所負的後果，顯現在其是否能升級或

從高中畢業上，德州 1999 年立法要求三、五、八年級的學生，必須通過德州學業能力測驗才能升級，這項措施從 2002 學年度的三年級學生開始實施。且自 2003 年起，德州學業能力測驗因「德州基本知識和技能」新課程標準的實施，將由難度提高的「德州知識技能測驗」（Texas Assessment of Knowledge and Skills, TAKS）所取代，不但測試的學科增加（如科學和社會研究），而且期盼學生在原先的讀、寫、數學測驗表現更好的成績，德州教育廳最近還預估未來三至八年級學生通過「德州知識技能測驗」所有部分的比率降低的狀況。

其次，德州新的高中畢業考，將對 2001 年是八年級的學生實施，他們可以在十一年級（即 2004 年春季）參加首次測驗，並在 2005 年畢業之前給予若干次考試機會；而且新畢業考的內容除了以往閱讀、數學能力的測試外，並含括科學和社會研究（即代數 I、生物、化學、物理、英語 III、美國歷史）的問題，學生若無法通過測驗的所有部分，將給予補救教學，不過他們仍須通過每一部分才能畢業。據德州教育廳的研究報告指出，如果現在就實施新的高中畢業考，將有五分之三的學生不及格而無法獲得文憑，這項報告在於提醒所有高中趁早加強教學，以為因應。

最後，德州實施公立學校績效責任制度訂有明確的時間表，茲以 2000 年為例，德州學業能力測驗於春季舉行，德州教育廳於 8 月正式公布學校、學區的評比等級及額外指標表揚。不論學校採傳統或全年的行事曆，或變通教育學校是否正依其他標準接受評鑑，所有學區、學校的評比成績一律於 8 月中旬公布。至於所有學區、學校的「學術卓越指標系統」報告係於 10 月公布，另一項法定成績報告是學校成績單（School Report Card），則由該廳

提供給所有學區中的每一所學校，學校必須依規定將這份成績單分送學生家長參考。2002 年 1 月，德州教育廳將公立教育補助計畫標準下的學校名單通知學區，學區則於 2 月轉知就讀此類學校的學生家長，俾供其利用該項補助替子女轉學之參考。

三、師資培育績效責任

德州於 1998 年實施美國第一套「師資培育績效責任制度」（Accountability System for Educator Preparation, ASEP），這項創舉和已有的公立學校績效責任制度，讓德州成為美國唯一建立大中小學績效責任制度的州。

早在 1995 年德州參議會第一號法案的授權下，成立州師資檢定委員會（State Board for Educator Certification, SBEC），負責規畫監督公立學校教師的培育、檢定、進修和行為標準，依據德州教育法第二十一章的規定，師資培育績效責任制度是它主管的九項職責之一，師資培育績效責任制度的目的是確保師資培育計畫為學生做好檢定的準備。師資培育計畫係指某一機構在州師資檢定委員會的認可下，推薦人選參加一項或以上的檢定考試。符合以上定義的機構根據 2000 年 6 月的統計共有八十七所，包括設有師資培育計畫的六十九所大學校院以及十四個區域性教育服務中心、四個公立學區所設的特別師資檢定班（alternative teacher certification programs）。

　　當師資培育績效責任制度於 1998 年 9 月實施時，師資培育機構依評鑑結果，分為「認可」（Accredited）、「檢討認可」（Accredited-Under Review）及「不認可」（Not Accredited）三個等級。新設立的師資培育機構暫列為初期認可（Accredited-Preliminary Status），為期三年，之後便依師資培育績效責任制度規定的標準課以績效責任，在被評為初期認可時，機構可推薦人選參加檢定考試。師資培育績效責任制度規定七類學生群體（demographic groups），即全體學生、白人學生、黑人學生、西裔學生、男性、女性及其他等，均須達到成就水準。對於師資培育機構而言，所承受的風險是高的，例如培育計畫連續三年無法達到預定的成就標準，將被列入不認可名單；同樣地，州師資檢討委員會將任命一督導小組提供建議和協助檢討認可的機構，倘若它們在第三年 9 月 1 日前無法達到標準，州師資檢討委員會執行長可以要求委員會限制這個機構只在特定領域培訓，並與其他機構合作去辦理培育計畫。

　　1998 年 9 月的師資培育評比認可標準，是基於師資培育機構參加檢定考試學生第一次合格率（first time pass rate）為 70%或以上，或者是以上每一學生群體的累積合格率（cumulative pass rate）為 80%或以上。所謂第一次合格率，指某一學年參加全州第一次舉辦的檢定考試者即通過的人數除以那一年第一次參加檢定考試的人數。重要的是，第一次合格率是反映參加者在第一次檢定考試的表現，倘若某人在那一學年中後來舉辦的其他檢定考試過關，則於下一學年的累積合格率中採計。累積合格率指的是前一年參加檢定考試者在兩學年內第一次應考即達到合格的人數除以前一年第一次參加檢定考試的總人數，這項合格率反映了兩學年內最

後一次檢定考試的表現。至於某人在兩學年以外的時間才通過檢定考試，則其分數對師資培育機構績效責任的評比認可並無影響。

師資培育機構被評「檢討認可」，只要這項認可是基於某一學生群體人數少於十人所決定的，可以向州師資檢討委員會提出重新考慮的申請，州師資檢討委員會可以改變該機構「檢討認可」的狀況。

目前檢定考試包括各類德州教師檢定考試（Examinations for the Certification of Educators in Texas, ExCET）、德州口語能力考試（Texas Oral Proficiency Test, TOPT）、德州手語表達考試（Texas Assessment of Sign Communication, TASC）、德州手語表達考試—美國手語（TASC-ASL），及專業閱讀教師考試（Master Reading Teacher Examination, MRT）等。

德州師資培育績效責任制度於 1998 年實施之後，基於有關的回饋意見及其他構想，州師資檢討委員會進行以下的變革：

1. 第二（1999）年起的評比認可標準從前述的第一次合格率改為第一年合格率（first-year pass rate），也就是根據第一學年中參加檢定考試者第一次的表現，而不是那一年第一次舉辦的考試。

2. 小的資料樣本不是決定師資培育效率的可靠指標，因此，列入績效考量的學生群體人數由十人增加到三十人。

3. 機構由檢討認可的初評申覆並核准改為認可，會造成它們公共關係上的困擾，所以制度實施的第二年，讓它們在認可等級正式公布之前，先行檢視評比結果並提出重新考慮的要求。

4. 1999 年的制度也首次對師資培育計畫提出表揚，表揚係頒給能夠培育來自多元族裔以及學科教師需求高的機構。

5. 在 1999 學年度中，新進教師的評鑑納入實驗列為師資培育

績效責任制度的一部分。

由德州最初兩年師資培育績效責任制度的變革，我們可以了解它是不斷改善的機制。例如，2000 年 8 月州師資檢討委員會宣布在未來數年，將對新進教師應該知道及能夠做什麼去爲德州教師擬定新的檢定標準，這些標準正是各類教師檢定考試的基礎。新的檢定標準並不參照所須完成的師資培育課程，而是從新進教師在每一學科領域及每一年級程度上應該知道什麼（知識）和能夠做什麼（技能）來界定，是以每一學科領域檢定標準係依「德州基本知識和技能」的新課程標準所建構的。這項變革將影響德州的整體教育，從所有的師資培育計畫到全州七千所中小學校，德州的學生、地方教育工作者、家長及社會大眾也將因這項標準導向的措施而受益。

其次，師資培育的認可標準將從 2001 年 9 月起提高，即第一年合格率由 70% 提高至 75%，以及累積合格率由 80% 提高至 85%，此一標準的提高，很明顯地，將對師資培育機構帶來衝擊。在目前的規定下，當標準提高時，懲罰將繼續扮演一定的角色，2002 年起，所有學生在某一檢定項目下連續三年沒有達到標準時，其培訓機構不得推薦人選參加此一項目的檢定考試，如此將對學生註冊人數帶來不利的影響。

以上所採取的變革措施，已經造成教育決策者及實際教育工作者之間的爭議，持續提高績效責任的標準在其他專業並未發生，而且懲罰在師資短缺的今日會帶來反效果，至於德州近年來師資培育績效責任評比結果如何，請參閱表 3。

表 3　德州師資培育績效責任評比認可現況

	2001-02 學年度 (2001年9月公布)	2000-01 學年度 (2000年9月公布)	1999-00 學年度 (1999年9月公布)
師資培育計畫	100	86	87
認可計畫	75	80	79
檢討認可計畫	11	6	8
檢討認可： 第一年	8	4	1
檢討認可： 第二年	2	1	7
檢討認可： 第三年	1	1	不適用
初期認可計畫	14	0	0

備註：初期認可計畫係指尚未依「師資培育績效責任制度」成就標準評鑑的新
　　　師資培育計畫。

資料來源：State Board for Educator Certification (2001). *ASEP accreditation ratings and performance summar.* Retrieved November 5, 2004 from http://www.sbec.state.tx.us /SBECOnline/edprep/2001accreditsumm.pdf

四、結語

　　德州的公立學校及師資培育績效責任制度，已使德州成爲全美擁有大中小學績效責任制度的第一個州，由於數年來的積極推動，德州教育已有顯著進步（如表 4），並且獲得各方的肯定與表揚。

表 4　德州學業能力測驗及格率年度報告

	1994	1996	1998	2000	2002	1994、2002 差距
全體學生	55.6%	67.1%	77.7%	79.9%	85.3%	+29.7%
非　　裔	33.3%	46.9%	62.6%	68.0%	77.2%	+43.9%
西班牙裔	41.1%	54.2%	68.1%	71.8%	79.7%	+38.6%
白　　人	69.4%	79.8%	87.9%	89.3%	92.5%	+23.1%
經濟不利	39.0%	52.5%	66.4%	70.0%	78.2%	+39.2%

備註：德州學業能力測驗（TAAS）包括閱讀、數學、寫作、社會研究。
資料來源：Texas Education Agency (2002). *Selected state aeis data for 1994-2002.* Retrieved November 4, 2004 from http://www.tea.state.tx.us/perfreport/aeis/hist/state.html

　　國家教育目標小組（National Education Goals Panel, NEGP）1999 年表揚在達成八項國家教育目標上有進步的十二個州，德州是其中之一。國家教育統計中心（NCES）2000 年 8 月公布「2000 年國家數學成績單」（The Nation's Report Card: Mathematics 2000），顯示德州四年級非裔及西班牙裔學生的數學成績排名全美第一，白人學生則與康乃狄克州並列第一。美國智庫蘭德公司（RAND）2000 年 7 月發表《改善學生成就：州國家教育進步評量測驗分數的啓示》（Improving Student Achievement: What State NAEP Test Scores Tell Us）的研究報告，分析 1990 年至 1996 年間四十四州學生的測驗分數，肯定德州是教育改革的先驅，其少數族裔及社經地位不利學生的表現領先全國。這項研究證實能夠追蹤不同背景學生表現的績效責任制度，讓德州能夠找出最需要幫助的學生，並獲得傲人的成果。美國重要教育智庫福翰基金會（Thomas B. Fordham Foundation）1999 年評選德州教育進步狀況爲 A 的兩個州之一，它在以下四項指標上有優異的成績而獲選，包括教師在教學科目所具備的知識、教師取得檢定的多元途徑、學校在人事的主控權及要求學校與教師對學生學習負責等。其次，該基金會於《2000 年各州學業標準現況》（The State of State Standards 2000）的報告中也指出，德州因其完整的課程標準、績效責任制度及教師素質，與其他四個州共同登上該基金會 2000 年的榮譽榜。

　　由上可知，教育績效責任在美國德州實施以來，對於提升學生學習成效和教師素質確有正面的影響。筆者盼其所建構的教育績效責任模式，在國內實施教育鬆綁與師資培育多元化的今天，可作爲我們確保教育績效和師資素質之參考。

參考文獻 ✍

Achieve, Inc. (2001). *Statement of principles, 2001 national education summit* [On-line]. Available: http://www.achieve.org/

Christie, K. & Ziebarth, T. (2000). Reporting, rewarding and sanctioning school and districts. *State Education Leader, 18(3)* [On-line]. Available: http://www.ecs.org/clearinghouse/22/56/2256.htm

Education Commission of the States (2000). Accountability. *The Progress of Education Reform 1999-2001, (2)* [On-line]. Available: http://www.esc.org/clearinghouse/16/52/1652.htm

Education Commission of the States (2001, June 1). *Schools brace for tougher TAAS, lower passing rates* [On-line]. Available: http://www.ecs.org/ecsmain.asp? page=/html/newsmedia/e-clips.asp

Education Commission of the States (2001, March 23). *State warns of massive test failures* [On-line]. Available: http://www.ecs.org/ecsmain.asp? page=/html/newsmedia/e-clips.asp

Education Commission of the States (1998). *Designing and implementing standards-based accountability systems.* Denver, Colorado: Education Commission of the States.

Education Week (2001). *Accountability* [On-line]. Available: http://www.edweek.org/context/glossary/

Grissmer, D.W., Flanagan, A., Kawata, J., & Williamson, S. (2000). *Improving student achievement: What state NAEP test scores tell us* [On-line]. Available: http://www.rand.org/publication/MR/MR924

Just for the Kids (2001). *State of education in Texas* [On-line]. Available: http://www.just4kids.org/ppt/Training-Texas.pps

Just for the Kids (2001). *National Center for Educational Accountability* [On-line]. Available: http://www. just4kids.org/US/US_aboutus_history.asp

Office of the Secretary of State (1998). *Chapter 229-accountability system for educator preparation, Texas Administrative Code* [On-line]. Available: http://info.sos.state.tx.us/

San Miguel, T., Garza, R., & Gibbs, W. (2000). *Prekindergarten-16 educational accountability system: The Lone Star State's response and is anyone listening?* Paper presented 2000 Annual Meeting of the American Educational Research Association. New Orleans, Louisiana (ERIC Document ED 445 028).

State Board for Educator Certification (2001). *Development of new certification standards and new ExCET tests* [On-line]. Available: http://www.sbec.state.tx.us/stand_framewrk/standards.htm

State Board for Educator Certification (2000). *Strategic plan for fiscal years 2001-05* [On-line]. Available: http://www.sbec.state.tx.us/geninfo/stratplan_2001_2005.doc

Texas Education Agency (1997). *Expanding the Scope of the Texas public School Accountability.* Policy research report number 9. Austin, Texas: Author (ERIC Document ED 424666).

Texas Education Agency (2001). *2001 accountability rating criteria and standards* [On-line]. Available: http://www.tea.state.tx.us/perfreport/account/2001/manual/

Texas Education Agency (2000). *An overview of the academic excellence indicator system for the State of Texas* [On-line]. Available: http://www.tea.state.tx.us/perfreport/aeis/

Thomas B. Fordham Foundation (2000). *The state of state standards 2000* [On-line]. Available: http://www.edexcellence.net/

U.S. Department of Education (2002). *The No Child Left Behind Act of 2001* [On-line]. Available: http://www.ed.gov/offices/OESE/esea/exec-summ.html

教育民營化的發展現況

　　1990 年代以來，美國教育民營化蓬勃發展，形成目前所謂的「教育企業」（education industry），直到 2001 年，賓州政府接辦費城公立學校系統並委託私人管理公司經營一事，更引起了廣泛的注意，它稱得上是美國教育史上民營化的最大案例。本文將分別就美國教育民營化的意義、現況、法規以及費城公校民營現況，與國內教育工作者分享。

　　在美國教育上，民營化（privatization）指的是將公立學校的經營管理交由私人或營利性教育組織，民營化強調典型的企業導向觀念，如消費者的滿意及學校經營的自主性。其次，民營化是一種多面向的問題，形式之一是學區將所屬財產設施如校車作為廣告之用；另一種形式是學區與私人公司簽約以提供特別服務，

從辦理學校午餐到經營一所完整的學校。

公立學校交由私人公司經營是引人爭議的概念，提倡民營化者看到政府與企業結合的好處，他們認為政府的監督功能和因應民眾需求得以維護，同時利用私人企業更有效率、減少開支及增進績效（這裡指的是學生成就）的能力。然而，反對民營化者看到利潤壓力而非學生成就變成學校私營的推動力，看到個人需要尤其是特殊昂貴的因企業的需求而被犧牲，他們擔心學區不能勇於監督私人公司的表現，而且，反對者表示民營者可能與公營者一樣沒有效率與能力。

美國部分州允許學區在校車上販賣廣告空間，以獲取額外財源，惟各州對廣告內容均有所規範，例如，亞利桑那州規定廣告必須適合孩童的年齡，不得向孩童推銷非法商品，而且必須遵守州的性教育政策；明尼蘇達州則禁止與煙酒、涉及歧視、含有猥褻內容、欺騙誤導與反社會行為等有關的廣告，而且學區不得為廣告產品或服務背書。全美學校交通協會（National School Transportation Association）1997 年的一項調查顯示，當時有三十八個州禁止校車上刊登廣告，儘管阿拉斯加州、緬因州進一步允許在校車內做廣告。

其次，十餘年來，美國私人公司對學校提供特別服務，以及經營管理公立學校的現象，也引起全國媒體和各州立法機關的注目，以下舉一些例子供參考。愛迪生學校管理公司（Edison Schools Inc.）的前身愛生計畫（The Edison Project）1995 年起，對波士頓兩所學校提供課程、科技設備、行政管理，以及訓練現有教師或聘用新教師等服務；沙碧士教育事業公司（SABIS Educational Systems, Inc.）1997 年至 2002 年間管理芝加哥兩所特許學校，包

括聘用、提供教師及決定課程；學習再造協會（Institute for the Redesign of Learning）1994 年起，對加州三十所公立學校有學習困難（at-risk）的學生給予教學和諮詢服務；希爾溫學習服務公司（Sylvan Learning Systems, Inc）1995 年至 1998 年間協助教育佛州兩所初中的學生；必肯教育管理機構（Beacon Education Management）與麻州切姆斯福德（Chelmsford）學區簽訂五年契約（1996 至 2000），管理一所特許學校；波士頓大學管理麻州切爾西（Chelsea）學區九所公立學校預算，並與教師合作擬訂教育計畫，包括托兒照顧及成人英語為第二外語訓練班等，這還是美國第一次由一所大學領導管理一個公立學區。

　　教育研究分析暨改革中心（Center for Education Research, Analysis and Innovation, CERAI）2001 年 2 月發表第三版《營利性教育管理公司簡介》（*Profiles of For-Profit Education Management Companies*），該項簡介指出，目前計有二十一家教育管理公司在二十二個州經營二百八十五所學校（請見表 1）。而近年來特許學校運動（charter school movement）促進了這些公司的成長，

表 1　美國公校民營概況

年度	公司數	學校數	州數
1998-1999	13	135	15
1999-2000	20	230	21
2000-2001	21	285	22

資料來源：Center for Education Research, Analysis and Innovation (2001). *Profiles of for-profit education management companies*. Retrieved April 4, 2002 from http://www.uwm. edu/Dept/ CERAI

目前全美訂有特許學校法的三十七州中，大部分允許營利公司持有特許證或允許特許證持有者與營利公司簽約管理學校，特許學校法最具彈性的州如亞利桑那州及密西根州，將學校交給營利公司經營也最多。根據曾對教育企業興起做追蹤研究的EduVentures顧問公司指出，1999年一千二百所特許學校中約有10%係由私人公司所經營。

　　至於美國在教育民營化所訂的法令或規定如何呢？據各州教育協會2001年的調查顯示，計有十九個州訂定學校商務活動有關的法令或規定，其中十四個州的法規並不完整，只允許或限制某些形態的活動，五個州則有完整的法規以規範各式各樣的商務活動。州過去三年共訂定十六項民營化的法令政策，對象含括中小學教育及高等教育階段，不過仍以中小學校為主。例如，維吉尼亞州2001年2月通過涉及公立學校商業、公司的夥伴或贊助關係的法令，規定每一地方學校理事會擬訂、執行並授權它們修訂有關前項夥伴或贊助關係的政策。田納西州同年5月立法授權地方教育主管機關與非營利機構簽訂合作協議，在規定的條件下，提供科技預備高中的課程，惟這項立法規定，倘若協議直接導致取消地方教育理事會的現有課程，將禁止此一協議的簽訂。南卡州同年6月頒訂法令，授權州立大學董事會簽訂土地租賃協議，以提供校內學生宿舍的建築與營運等各項必要服務。

　　2001年10月，美國賓州州議會（Pennsylvania General Assembly）修訂1998年的接管法（Act 46），允許州政府成立一學校改革委員會（School Reform Commission），並允許私人機構接辦長期以來學生表現欠佳、預算赤字惡化、組織經營效率不彰的費城學區（計有二百六十四所學校，二十一萬名學生），參與改革

研究規畫的私人機構爲「愛迪生學校管理公司」，該公司當時在全美二十二個州共經營一百三十六所學校。

基於賓州州議會新修訂的接管法，州長 Mark Schweiker 立即向費城市長提出費城學區改革方案，並積極與費城市長、費城教育理事會協調談判接管事宜。Schweiker 州長所提的費城學區改革方案，重點包括解散重組學區主管機關（district central management），並將所有學校分成三類進行改革，即不干預最好的三、四十所學校，與社區組織形成夥伴關係經營六十所低成就學校，以及對約一百七十所表現中等的學校提供新的資源與協助，諸如課本、學校建築更新、教師訓練及其他改善事宜，雙方終於在 12 月底達成最後協議。

在州的接管下，學區主管機關將向州所掌控的學校改革委員會負責，學區教育主管由該委員會所聘用並由州長任命，該委員會承擔原來學校理事會的權責，委員會由五個委員所組成，州長任命三人，市長任命二人。至於愛迪生學校管理公司則受聘於學校改革委員會和學區教育主管，扮演顧問的角色，提供服務以及爲學區聘用新的管理人才，它雖不直接接管費城學區主管機關，但實際上將參與學區管理的各項事宜，並將依原訂計畫與社區組織合作經營四十五所成就低的學校。

以上協議讓賓州州政府完成接管費城學區，對愛迪生學校管理公司而言，雖然未能接辦整個費城學區，但在獲准經營學校、提供其他教育服務上已有重大進展。至於費城公立學校由州接管及部分民營化後能否從此脫胎換骨，提供所有學生良好的教育，未來勢必受到廣泛的注目。

以上從若干角度探討美國教育民營化的發展現況，我們不難

了解在強調多元、競爭、選擇的今天，教育民營化是一種自然的趨勢，這種現象也引起美國教育研究者的注意。

著名的教育研究者和經濟學家 Henry Levin，1999 年由史丹佛大學轉往哥倫比亞大學，主持新成立的全國教育民營化研究中心（National Center for the Study of Privatization in Education），Levin 期盼在不受政治上保守主義者或自由主義者的干擾下，針對民營化促進私人公司參與教育、特許學校及教育券等影響從事公正的研究。該研究中心 2001 年 9 月發表《競爭對教育成果之影響：美國實況之回顧》（*The Effects of Competition on Educational Outcomes: A Review of U. S. Evidence*）研究報告，它的結論指出，當家長對孩子教育有更多選擇時，學校系統中的學業成就、薪資和畢業率都有些許改善的傾向，這些教育上的競爭部分來自於學校民營化。

1999 年 2 月，我國國民教育法增修條文公布，其中第四條第三項規定：「國民小學及國民中學，得委由私人辦理，其辦法由直轄市或縣市政府定之」；劃時代的教育基本法亦於同年 6 月公布施行，對於保障人民學習及受教育之權利、確立教育基本方針及健全整體教育體制，將有深遠的影響。其中第七條第二項更明定：「政府為鼓勵私人興學，得將公立學校委託私人辦理；其辦法由該主管教育行政機關定之」。由此可見，教育民營化在我國已取得法源依據，而且少數縣市（如台北市）為因應此一趨勢，刻正研擬中小學委託民營的法規，未來主管教育行政機關如何推動公校民營政策，美國過去十年的經驗或可作為我們的參考。

參考文獻 🍃

Belfield, C. R. & Levin, H. M. (2001). *The effects of competition on educational outcomes: A review of U.S. evidence* [On-line]. Available: http://www.ncspe.org/

Center for Education Research, Analysis and Innovation (2001). *Profiles of for-profit education management companies* [On-line]. Available: http://www.uwm.edu/Dept/ CERAI

Education Commission of the States (1998). *Corporate advertising on school bases: State policy examples* [On-line]. Available: http:// www.ecs.org/clearinghouse/13/17/1317.htm

Education Commission of the States (2001). *Recent state legislation: Privatization* [On-line]. Available: http://www.ecs.org /ecsmain. asp? page=1html/issues.asp? am=1

Education Commission of the States (1998). *Privatization of educational services and corporate sponsorship/ advertising on school property* [On-line]. Available: http://www.ecs.org /clearinghouse/13/34/1334.htm

Education Week (2001). *Privatization of public education* [On-line]. Available: http://www.edweek.org/context/topics/ issuespage. cfm? id=15

Education Week (2001, November 7). *Unprecedented change eyed for Phila. Schools* [On-line]. Available: http://www.edweek. org/

General Accounting Office (2000). *Public education: Commercial acti-*

vities in schools [On-line]. Available: http://www.gao.gov/

The General Assembly of Pennsylvania (2001). *Senate Bill 640* [On-line]. Available: http://www.legis.state.pa.us/

Johnson, R. C. (2001, October 31). Legislature signals probable takeover of Philadelphia Schools. *Education Week* [On-line]. Available: http://www.edweek.org

Pennsylvania Department of Education (2001). *Executive summary of Governor Schweiker's proposal to improve the Philadelphia School District* [On-line]. Available: http://www. pde.psu. edu/philadelphia/govplan.pdf

Snyder, S. & Mezzacappa, D. (2001, November 21). Deal reached on Philadelphia schools. *Philadelphia Inquirer* [On-line]. Available: http://inq.philly.com/content/inquirer/2001/11/21/local_news/

Wiggins, O. (2001, December 27). *City gains influence in school decisons* [On-line]. Available: http://inq.philly.com/content/inquirer/2001/12/27/local_news/

學校本位管理的改革

一、學校本位管理的含義

　　學校本位管理（school-based management, SBM）是教育權鬆綁下放的一種運作形態，它指的是將預算、教學及其他決策權力由學區移轉到個別學校。自 1960 年代以來，學校本位管理已是美國學校教育改革工具，州用它增進學校績效責任，地方教育理事會用它提升學生成就，學區用它改善行政效率，教師組織用它授

權教師，以及社區用它來推動家長參與。直到 1980 年代末期，學校本位管理變成教育中最常用的單一改革方式。

目前，美國很多州和學區已將學校本位管理當作授權教師、增進效率和績效責任，以及讓學校改革更有活力的策略，很多州也立法施行某些學校本位管理的措施，其中有肯塔基等五個州甚至規定所有學校實施學校本位管理。

學校本位管理最基本的概念是，最接近學生的人員是最有能力做出產生變革的決策，營造學校自主（school autonomy）和經由參與決策（participatory decisionmaking）對教師、校長、學校行政人員、家長及其他人士授權益能，是學校本位管理的兩大特色。實施學校本位管理的學校通常成立學校委員會（school council），經由家長、社區人士、教師、校長或學校行政人員等不同的組合，成立了各種形態的學校委員會，委員會一般包括行政控制、專業控制、社區控制或同等控制四種。

其次，特許學校也算是學校本位管理的一種模式，在與地方教育理事會簽訂的契約下，教師團體或其他人士能夠組成獨立的公立學校，且不受相關規定的約束，只要它們達成契約中明訂的成就標準，學校保有預算、人事及課程的主導權。

早期的學校本位管理研究提出了某些具有前景的發現，但也指出學校本位管理除非設計周全及妥善執行，否則少有正面影響。然而，最近一些研究顯示學校本位管理在學校文化、課堂教學和學生學習上可以帶來改善。

以下擬扼要介紹美國過去在學校本位管理上的研究，以及肯塔基州、芝加哥學區推動的學校本位管理實例，供國內教育工作者之參考。

二、學校本位管理的研究

　　教育研究者 Kerri Briggs 和 Priscilla Wohlstetter 對過去十年來學校本位管理的相關研究與評鑑進行分析研究，並在 1999 年所撰〈學校本位管理策略成功的要素〉（Key Elements of a Successful School-based Management Strategy）一文中首先提到，早期的學校本位管理研究，大部分側重在學校本位管理對教師工作滿意度之影響，而最近的研究則著重它對學校文化、實際教學和學生成就之影響。

　　Kenneth Leithwood 和 Teresa Menzies 1998 年所做的研究指出，教師的工作熱忱和士氣受到參與校務決策的正面影響，學校本位管理導致教師之間更大合作，學校更注重專業成長及更強的績效責任感，他們找出影響學區中學校本位管理運作的因素，包括學區的行事傳統、學生特質、社區對學校效率的知覺以及教育總監的願景。他們也發現：1.校長對學校本位管理產生的影響及運作扮演關鍵的角色；2.校長和教師花很多時間精力讓學校本位管理模式能夠運作，尤其是在實施的初期階段。

　　其次，學校本位管理另一支的研究，則著重學校本位管理對教學的影響，例如，教育政策研究聯合會（Consortium for Policy Research in Education）1995 年的一項研究指出，高層次的課程與教學改革會在實施學校本位管理的學校中發生，且學校本位管理

被視為重整教學的工具；芝加哥學校改革聯合會（Chicago Consortium on School Reform）所做的另一項研究顯示，在實施學校本位管理的學校中，教師參與決策與教學改革呈正相關。

Briggs 和 Wohlstetter 在分析學校本位管理的研究後，歸納出實施學校本位管理成功的學校有以下八大要素，這些學校：

*1.*注重教與學的積極願景，且此一願景與學區、州所訂學生成就標準一致。

*2.*在預算、人事和課程上有決策權，且能運用這項權力去營造有意義的教學改革。

*3.*經由建立決策小組的網狀組織，廣泛地將權力分散到整個學校。

*4.*在建構全校性改革能力、創造專業學習社區及發展共享知識的持續過程中，去增進知識與技能。

*5.*採取多重機制蒐集學校優先施政資訊，並將這些資訊傳達給學校相關人士。

*6.*給予個人、團體金錢和非金錢的獎勵，以表揚他們在達成學校目標所做的努力。

*7.*行政人員和教師之間分享領導權，校長經常負起經理和改革促進者的角色，而教師則負起教與學有關的責任。

*8.*經由參與專業組織及透過地方企業中的活動，去尋求校外資源。

最後，他們在結論中表示，學校層級的自主仍將是教育改革的重要特色，並強調許多教改方案，從標準到教學品質措施，似乎是支持學校本位管理實施成功的八大要素。當教育體系持續由這些趨勢所塑造時，實施學校本位管理的學校，無論它是主要或

其中的一項改革機制，只要具有這些要素，將比較有可能獲得成功。

三、肯塔基的學校本位管理政策

1990年，肯塔基州州議會制定肯塔基州教育改革法（Kentucky Education Reform Act, KERA），對整個教育體系提出一套綜合性的改革方案，這項法案規定每一所學校必須成立包括三位教師、兩位家長和校長（通常擔任主席）所組成的學校委員會，從事所謂的學校本位決策（School-based Decision Making, SBDM），惟在州教育理事會的批准下，允許學校籌組由不同成員所組成的學校委員會。

根據肯塔基州教育研究院（Kentucky Institute for Education Research, KIER）的報告，目前已有六十二種模式業經批准；自2000年7月起，已成立一千二百三十八個學校委員會，佔全州學校的98%，只有十八所學校經批准免予成立，另八所學校因代表單一學區而不必成立。學校委員會在許多問題上做決策，根據彼查學業卓越委員會（Prichard Committee for Academic Excellence）的報告，包括：

*1.*課程。

*2.*教學與教材含教科書。

*3.*學生編班分組及空間利用。

*4.*日課表。

5. 訓導和教室管理。

6. 學校的教職員職位。

7. 教職員時間分配。

8. 課外活動及學生參與政策。

9. 與地方教育理事會政策謀求一致，以配合州學業標準、科技使用和計畫評鑑等的有關程序。

10. 學校預算包括教職員在職進修費用以及學校獎金之使用。

11. 教職員出缺時，校長如何與學校委員會商議。

12. 教學實務。

學校委員會也遴選它們的校長，至於其他教職員係由學校委員會建議，並由校長做決定。由於缺乏評鑑資料，學校委員會的運作效果如何尚未可知，更明確地說，在肯塔基州，學校委員會的管理機制與學生成就、學生生活之間的關係仍未探討，而且肯塔基州的教育改革法是綜合性的，難以認定影響是源自何種改革策略。雖然如此，肯塔基州學校委員會仍有不少有價值的發現：

1. 研究顯示學校委員會成員對他們的參與抱持肯定的態度，雖然參與是耗費時間的活動；一般而言，教師和校長肯定學校委員會對學生的影響。

2. 學校委員會比較注意學生管教、預算和人事，而不太注意課程與教學有關的問題。

3. 校長在學校委員會運作的過程中扮演專業者的角色，是學校委員會成功的重要因素，教師和學生家長需要仰賴校長法規行政上的專長，惟這方面專長也對所有委員會成員在決策過程中所必需的信賴和平等構成威脅。

4. 學校委員會在某些方面妨礙地方教育理事會和教育總監的

權力，造成有關學校政策和人事問題上的衝突，從學校委員會的觀點來看，地方教育理事會和教育總監被視為運作的最大障礙。換言之，學區抱怨它們不知道在解決學校委員會需要時扮演何種角色，因為怕侵犯它們的職權範圍。

四、芝加哥的學校本位管理政策

伊利諾州州議會 1988 年制定了芝加哥學校改革法（Chicago School Reform Act），該法案影響最為深遠的部分，或許是規定每一所公立學校成立一個地方學校委員會（local school council, LSC），該委員會由六位家長、兩位社區人士、兩位教師和校長等十一人所組成，並由成員推選一位家長擔任主席。高中成立的地方學校委員會另包括一位學生代表。家長、社區人士係由選舉產生，而教師、學生則由芝加哥教育理事會任命。芝加哥學區於 2002 年 5 月初舉行地方學校委員會委員選舉，選出五千位以上的委員，學區總監 Arbe Duncan 公開呼籲社區人士踴躍登記參選，當時的話題環繞著如何使學區與地方學校理事會的權力求取最佳平衡。地方學校委員會的主要職責包括：

　　1.採行和監督包括課程和教學的學校改革計畫。

　　2.批准預算和管控資源利用。

　　3.經由遴選、評鑑校長及決定四年任期屆滿是否續聘等方式以決定學校人事。

1995 年，伊利諾州州議會再頒訂一項影響芝加哥學校的重要法案——芝加哥學校改革修正案（Chicago School Reform Amendatory Act），規定學區管轄上的許多變革，包括將學區管轄權交給市長，該法案也賦予芝加哥教育理事會權力，去要求地方學校委員會對學區的標準負責，基本上取消了地方學校委員會獨立於地方教育理事會政策之外運作的能力。A. G. Hess 對十四所學校進行研究，發現地方學校委員會發展出四種模式：

1. 有限管理（limited governance）——家長和社區人士參與極少，通常在教師的支持下由校長主導。

2. 中度管理（moderate governance）——至少有一位家長或社區人士帶動問題討論，這些地方學校委員會係正式組成且通常由校長主導，但必要時能夠一起面對危機。

3. 平衡管理（balanced governance）——地方學校委員會主席和校長分享真正的領導，而且所有成員在討論決定上有廣泛深入的參與。

4. 過度管理（excessive governance）——在學校日常行政中有過度的衝突，這些地方學校委員會係由學生家長或社區人士主導，較常召集會議、開會時間較長，且討論時常是敵對和衝突的。

芝加哥學校改革聯合會（Chicago Consortium on School Reform）指出，大多數地方學校委員會正有效地施行它們的管理權責，一項調查研究發現，50%至 60%的地方學校委員會是改革的積極參與者，10%至 15%被評爲有很大困難，其他則介於兩者之間。有關研究也顯示，大多數地方學校委員會能夠有效運作並有助於改善學校，不過它們所帶來的困擾和成就一樣引起注意，有時候委員進行被視爲干擾學校及職權以外的活動而遭逮捕，並驅

逐於校園之外。

至於芝加哥學區 1988 年、1995 年兩項聞名全國的學校系統重組法案，對學生學業成就改變的程度則難以確定，不過清楚的是，改革初期幾年學生成績有降低的情形，之後便有重要的進步，特別是從 1995 年開始。例如，一項芝加哥學校標準測驗分數的研究顯示，1988 年、1995 年的變革突然使得許多小學的成績大幅改善。Hess 對芝加哥實施地方學校委員會的研究，找出了決策者感興趣的四項主要議題：

1. 城市學校的改革，若要有效地提升學生成就，校長、教師和家長必須對學生持有高度期望。

2. 學校及它們的教職員必須給予改變現狀的機會。

3. 學校人員的能力必須加強。

4. 必須有辦法激發校長、學生和家長改革的意願，可行方式是經由績效責任制度。

五、結語

綜上所述，學校自主、參與決策是學校本位管理的特色，課程、預算和人事等的自主決定是學校本位管理的內容，學校委員會是學校本位管理的運作機制，以及學校本位管理研究所得的模式與成功要素，這些都是美國州與學區十餘年來實施學校本位管理所累積的經驗。

近年來，我國已從鬆綁切入積極推動教育改革，特別是九年一貫課程賦予學校發展學校本位課程的空間，也提供教師協同安排教學的機會，因此在新課程實施後，學校必須成立發展委員會，並由教師和家長共同規畫 20%的彈性課程，這一點顯示學校本位管理的精神已開始在我們的學校教育改革中落實，盼本文可作爲我們持續推動學校本位管理之參考。

參考文獻 ✐

Briggs, K. L. & Wohlstetter, P. (2000). *Key elements of a successful school-based management strategy* [On-line]. Available: http://www.usc.edu/dept/education/

Chicago Public Schools (2002). *2002 local school council elections* [On-line]. Available: http:// www.cps.edu

Consortium on Chicago School Research (2002). *Brief history of Chicago school reform* [On-line]. Available: http://www.consortium-chicago.org/aboutus/ui002.html

Education Commission of the States (2001). School-based management. *The Progress of Education Reform 1999-2001, 2(5)* [On-line]. Available: http://www.ecs.org/

Education Week (2001). *School-based management* [On-line]. Available: http://www.edweek.org

Gewertz, C. (2002, April 24). *Chicago ponders how to balance governing power* [On-line]. Available: http://www.edweek.org

Hess, A. G.(1999). Expectations, opportunity, capacity and will: The four essential components of Chicago school reform. *Education Policy, 13(4)*, 494-517.

Kentucky Institute for Education Research (2000). *2000 review of research on the Kentucky education reform act* [On-line]. Available: http://www.kier.org/SBDM.html

Prichard Committee for Academic Excellence (2001). *Kentucky school updates: A parent/ citizen guide for 2001-02* [On-line]. Available: http://www.prichardcommittee.org/pubs/ 2001updates.pdf

降低班級規模的研究與措施

　　美國教育部於 1998 年 5 月經由所謂的「1998 年降低班級學生人數暨教師素質法」，準備在未來十年撥款二百零八億美元給各州，以協助學區增聘十萬名教師，將小學一至三年級的班級學生人數降至十八人，這項措施普受學校教師的歡迎。該部 1999 年在網路上舉辦的「教師討論專區」（Teachers Discuss）中，曾探討「班級規模」的問題，參與討論的傑出教師們表示：倘若我們要幫助所有學生達到高的學業標準，充分認識學生並給予每一位學生個別的注意是重要的，這便是需要小班教學的兩項主要理由。

　　我國教育部與「行政院教育改革推動小組」於 1998 年 4 月達成共識，發表了「教育改革行動方案」，該項方案將在未來五年推動「健全國民教育」等十二大項改革，其中在「健全國民教育」

項下便明列了「降低國民中小學班級學生人數，提升小班教學效果」的措施。

1999年6月我國公布施行「教育基本法」，雖然僅有十七項條文，但其內容涵蓋教育主體、目的、責任、方式及作爲等，對於我國未來教育的發展將有重大的影響。該法第十一條規定：「國民基本教育……各類學校之編制，應以小班小校爲原則……」

由上可知，「小班小校」是我國中小學教育改革的重點工作，如能逐步實施，達到每班學生人數降至三十五人的預期目標，應是值得全民慶賀的一件大事，筆者很樂意將美國降低班級規模的研究與若干州的措施介紹於後，期作爲我們推動此一改革工程之參考。

一、班級規模的研究

研究及常識顯示，小班教學讓教師能夠給予每一個學生更多時間，進而改善他們的學習。很多州已實施降低班級規模的計畫，其他州也在跟進發展中，然而持保留態度者擔心，這項計畫增加了費用但不能產生顯著的效果，它確實帶來了具挑戰性的問題與機會。降低班級規模真能改善孩子的教育？擔任小班教學的教師應該施予不同的訓練？爲配合小班制而聘用更多教師是否會影響合格教師的供應？目前已有的研究可以提供面對這些問題的教育決策者及教育工作者一些有用的指引，以協助他們規畫最有效益

的小班教學。

研究者已運用各種技巧去研究小班教學如何影響教育的品質，他們探討班級規模與學生成就之間的關係，以及從事各種不同的研究，以了解班級規模及其對教育實際的影響。過去二十年，足夠的研究讓研究者獲得許多實驗的結果與原始數據，並綜合各種研究發現做成結論。在有些分析中，研究者利用師生比例的數據去探討班級規模的影響，因為原來的研究缺乏對班級規模的直接評估，過去十年有些統計分析的規模則相當大。直到最近，幾項實驗研究對於班級規模的認識帶來很大的貢獻，當然，所有降低班級規模的問題並非都有答案，有關的爭論沒有完全解決，然而，一般說來，研究結果愈來愈清楚地指出降低班級學生人數的益處。

二、班級規模研究的分析

一些主要的研究分析已採用各種方法，從現有的研究分析中獲得結論，方法及研究雖有差異，但大多數卻有一致的結論，即降低班級規模與增進學生的學習有關：

1. 1978 年，Mary Smith 和 Gene Glass 發表一份後分析（meta-analysis）報告，結合了七十七種有關班級規模與學生成就的實驗研究，不久之後又發表班級規模與其他結果之間相關的第二份後分析報告。整體而言，他們發現小班制與所有年級的學生成績有關，特別是學生在小班教學中超過一百小時，以及學生的學習小

心予以控制，他們發現降低班級規模的主要好處，發生在學生人數低於二十人的情況。在他們第二次分析研究中，他們獲致的結論是，就學生反應、教師士氣及教學情境的品質而言，小班最優。

2. 1989 年，Robert Slavin 採用一種最佳證據綜合法（best evidence synthesis strategy），去分析符合三種具體標準的實驗研究：班級規模降低至少一年所做的研究、學生人數低於二十人的班級與特別大的班級之間的比較、大小班級的學生是能夠相互比較的。Slavin 發現降低的班級規模，對於那些後續不再有小班經驗的學生而言，具有微小的正面影響。

3. 1986 年，Glen Robinson 及 James Wittebols 利用一種歸類分析法（related cluster analysis approach），發表一項超過一百種相關研究的評析報告，同樣的研究歸類在一起，例如相同年級、科目或相同學生特色的研究，他們得到的結論是，正面影響最明顯的證據在小學階段，特別是幼稚園至三年級，而且降低班級學生人數對社經地位不利及少數族裔的學生特別有利。同時，他們也指出，如果教師不改變教學方法及小班課堂經營的方式，正面影響的可能性減低。

4.其他研究分析的結論告訴我們，降低班級規模沒有顯著的影響，Tommy Tomlinson 分析美國 1950 年代至 1986 年發展趨勢的資料，並未在班級規模與標準化測驗分數之間發現穩定一致的關係。他下結論時表示，從花費及對教師人力素質潛在的負面影響來說，現有的研究對於採行降低班級規模的政策無法給予有力的支持。不過批評者指出，Tomlinson 的分析將所有年級的學生混在一起，仰賴師生比例是評估班級規模不合適的方式，而且忽略許多可能掩蓋相關的干擾因子及社會變遷。Allan Odden 分析現

有的研究後表示，全面性降低班級規模的政策在學生成就上僅有些許的效益，並引來花費太高的批評，他贊同其他一系列的措施，他認為他的方案能夠以較低花費獲取較高的效益。一項佛羅里達州班級規模與學生成績關係之研究分析發現兩者並無相關，然而，研究者指出，由於可以獲得的資料所限，從這項分析下結論必須謹慎。

比較正面的結論已從德州教育系統的大量數據分析中獲得，Ronald Ferguson 利用八百個學區以上、超過兩百四十萬名學生的資料，發現教師素質、班級規模及學生成績之間有顯著的關係。一至七年級從師生比例評估班級規模，Ferguson 發現，當師生比例提高到 1：18 以上，學區學生的成績降低，教師素質（即指教師的讀寫技能與專業經驗）的評量與學生成績的相關甚至更強。

Eric Hanushek 已重複評析一些可得的研究，這些研究可以讓你比較投入的各種學校資源（包括降低班級規模）與學生學習的成果。他的結論是：班級規模降低不應該期待可以獲得良好的學習結果，他的分析發現各種學校投資（包括班級規模降低）與學生成績之間的關係相當微小，導致他呼籲好好重新思考公立教育的政策。可是其他人採用稍有不同的分析方法去處理相同的資料，卻反駁了 Hanushek 的結論，他們認為這些資料對學生成績有重要的影響，包括小班制。尚有其他人對這裡所使用的基本分析法提出疑問，因為它係以師生比例為評估班級規模的一種途徑，通常將所有年級的資料統合在一起，而這些資料顯示的是學校類別或學區的平均成績，而不是在大小班級受教的個別學生。

三、班級規模資料的全國性分析

1997 年，Wenlinsky 從三種全國性資料庫所取得的資料進行分析，並發表了班級規模與學生成就之關係的研究結論，這項研究設計在於探討教育投資與學生成就之關係，以及國家教育統計中心三種不同資料庫所得的資料。基於全國二百零三個學區四年級學生、一百八十二個學區八年級學生的資料分析，Wenlinsky發現，班級規模在學校教育投資與四、八年級學生數學成績之間，以不同的方式扮演重要的連結如下：

*1.*在四年級階段，低的師生比例與高的數學成績呈正相關。

*2.*在八年級階段，低的師生比例改善學校的社會情境，進而導致較高的學習成就。

為了分析的目的，Wenlinsky根據學生社經地位在平均以上或以下，以及教師薪資在平均以上或以下，將參加研究的學區分組，就所劃分的四個學區小組而言，數學成績表現有最大的影響效果，是發生在學生社經地位低於平均、教師薪資高於平均的那一小組上。

四、班級規模的實驗研究

　　若干計畫的數據已在美國低年級降低班級規模的研究上有很大的貢獻，印第安那州、北卡州、田納西州及威斯康辛州等已報告重要的數據，其中以田納西州的計畫在小班教學之影響上提供最完整及設計周詳的研究，茲分別介紹如下。

　　自 1984 年起，印第安那州「最佳時間計畫」（Prime Time Project）計畫撥款支援降低一、二年級，然後幼稚園及三年級的班級規模。「最佳時間計畫」的實施未予嚴格控制，所以研究結果並不確定。一項「最佳時間計畫」的評鑑分析十個學區一、二年級的閱讀、數學測驗分數，並與該計畫實施前一年的測驗分數比較，結果發現，一年級小班教學學生的閱讀分數顯示最大的進步，不過數學方面進步較小。

　　田納西州的「師生比例改善計畫」（Student-Teacher-Achievement Ratio, STAR），已對降低班級規模的研究品質做出重要的貢獻。這是一項為期四年的縱貫性研究計畫，始於 1985 年，實施對象是幼稚園及一至三年級的班級，該項研究比較十三至十七名學生的班級與二十二至二十六名學生的班級，且在大班中有無教學助理的狀況，參與研究的教師均未接受小班教學的訓練。「師生比例改善計畫」不一樣的地方是，它具備以下實驗研究的基本特性，足以獲得有關班級規模影響的確切證據：

　　*1.*研究樣本——「師生比例改善計畫」含括七十九所學校，超過三百個班級及七千名學生，對學生在指定班級的四年經驗加以追蹤。

　　*2.*隨機分派——教師、學生隨機分派至三種不同類型的班級，以確保研究不會因誰在哪一類型班級而有所偏差。

　　*3.*每校參加所有類型的研究設計——所有學校對三種類型的班級至少有一班參加實驗，以排除來自參與學校的差異對班級活動品質影響的因素干擾。

　　師生比例改善計畫中學生測驗的結果顯示，小班學生的表現優於大班學生，無論大班中是否有教學助理，研究發現如下：

　　*1.*小班教學的學生在標準化及學科測驗上優於大班教學的學生。無論小班中的白人及少數族裔學生，以及都市、郊區及鄉村學校的小班教學，都有同樣的結論。

　　*2.*小班教學對少數族裔學生的正面效果最初是白人學生的兩倍，其後的效果則一樣。

　　*3.*接受小班教學學生留級的比例較低，而且能更早找出學生需要的特別教育。

　　*4.*大班中是否有教學助理，在學生的學業成就上並無顯著差異。

　　隨後的研究計畫在班級規模的正面影響上，提出更多重要的證據。1987 年「持續效益之研究」（Lasting Benefits Study）對於小班教學的效果做了進一步的研究，探討學生回到正常規模的班級後，以往的小班經驗是否能夠持續下去，提出以下幾點發現：

　　*1.*在四年級，來自小班的學生在所有學科上的成績，表現仍然優於來自大班的學生。

2.在四年級，來自小班的學生在行為上仍比來自大班的學生好，例如在課堂學習、自動自發及擾亂秩序上等。

3.來自小班學生的成就水準雖然降低，但仍明顯高於來自大班學生，這種現象至少延續至八年級。

在所謂的「挑戰計畫」（Project Challenge）中，田納西州試圖在全州十六個最貧窮的學區實施小班教學，俾在所得最低及學生享用減價或免費午餐比例最高學區的幼稚園至三年級引進小班教學，然後依據學生在全州性成就測驗上的表現對學區排名影響的分析，來評鑑這項努力的成果。實施「挑戰計畫」的學區在二年級的數學與閱讀上，從成績接近谷底的程度，提升至接近中等的程度。此外在實施小班教學的「挑戰計畫」學區中，學生留級減少了。

總括說來，田納西的研究已經被視為劃時代的研究，毫無疑問的，它告訴我們小班制對於低年級的學生表現優於大班制，它是美國教育史上最重要的實驗之一，截至目前為止，它與相關研究對於降低班級規模的正面影響提供最有力的證據。

北卡州布克郡（Burke County）的一項降低班級規模計畫，也提供引人注意的數據。自 1990 年起，布克郡學區試驗並引進一項降低班級規模計畫，在 1995 至 1996 學年度，計有一年級學生一千一百九十三人、二年級學生一千一百二十五人參加這項計畫，計畫目標是將所有一、二、三年級的班級學生人數降至十五人，布克郡將教學與評量的專業進修活動納入，所以影響不僅是來自降低班級規模而已。評鑑這項計畫時得到以下兩個結論：與未參與小班教學計畫的一組學生相比較，一至三年級小班教學的學生在閱讀、數學的成就測驗上優於他們。基於課堂活動的觀察，與

大班相比較，小班課堂時間專注於教學的比例從 80% 增加至 86%；相對地，花於非教學活動（如學生管教）的時間則由 20% 降低至14%。

　　最後要介紹的是，威斯康辛州 1996 至 1997 學年度起實施的「學生教育成就保證計畫」（Student Achievement Guarantee in Education, SAGE），此計畫的目的是在低收入家庭學區的幼稚園至三年級逐步採行降低班級規模的措施，1996 至 1997 學年度是幼稚園及一年級，1997 至 1998 學年度加上二年級，1998 至 1999 學年度則加上三年級，期達到每班師生的比例降至 1：15 或更低。計畫實施前兩年的班級形態有幾種，包括一位教師和十五位學生的班級、兩位教師一組和三十位學生的班級，及其他因應教室與教師不足的四種形態。在 1997 至 1998 學年度，有來自二十一個學區的三十所學校參加這項計畫。另有來自七個學區的十四所學校，提供學生的背景及學業成就資料，以作為該計畫的比較研究之用。參與該計畫的學生及比較組學校學生的學習情形，於一年級開始與結束時予以施測，並於二年級結束時再測驗一次，兩組背景相當的學生的分數經比較有以下的結果：

　　1. 學生教育成就保證計畫一年級學生在數學、閱讀、語文及綜合性的基本能力測驗上，一貫地優於比較組學校的學生。

　　2. 在一年級學生教育成就保證計畫小班中的白人、黑人學生的成就差距縮小，相對地，在比較組學校大班中的白人、黑人學生的成就差距則擴大。二年級學生教育成就保證計畫學生的學業成就仍高於比較組學校的二年級學生，但是差距增加不明顯。

　　以上研究發現與師生比例改善計畫一致，但是關於學生教育成就保證計畫的數據有兩項重要的限制要提出來：第一，這些是

持續研究中第二年的評鑑數據，所以當計畫逐漸採行及其他數據分析進行時，研究發現可能有很大的改變。第二，學生教育成就保證計畫班級規模降低伴隨著其他措施，例如參加學校也被要求採用更嚴格的學科課程，對學生及社區人員提供課後活動，以及推展專業進修及績效責任措施。第二年的數據分析顯示，學生教育成就保證計畫的其他部分措施，並未對學生成就產生影響，但是仍有造成某些影響的可能。

總括說來，已有的實驗研究可以獲得以下三項結論：

1. 一項研究的共識指出，在低年級階段，降低班級規模可以導致更高的學生成就，然而，研究者對於四至十二年級班級規模降低有正面影響的問題，則持審慎的看法。當班級規模降到十至二十位學生時，對學生成就的有利影響便顯現了，而且，當班級規模接近一對一個別教導時，有利影響持續增加。

2. 相關研究的數據指出，倘若班級規模從二十位學生以上大幅下降至二十位學生以下，學生成就的提高足以讓一般學生從第五十個百分位數增加至第六十個百分位數以上，這對於社經地位不利與少數族裔學生而言，效果更大。

3. 學生、教師與家長均表示，降低班級規模對課堂活動的品質有正面的影響。

五、各州降低班級規模的措施

　　大規模的降低班級學生人數並不限於印第安那州和田納西州，某些州已實施特定的降低班級規模政策，而其他州則僅在規畫與實施的初期。1984 年，德州通過立法將幼稚園至四年級的班級學生人數限定為二十二人，明定幼稚園至二年級在 1985 至 1986 學年度實施，而三、四年級則在 1988 至 1989 學年度實施。內華達州在 1990 至 1991 學年度起，先將幼稚園與一年級的師生比例調整為 1：15，並延伸到二、三年級，之後將四至六年級的比例降為 1：22，最後則將七至十二年級的比例降為 1：25。1995 年，維吉尼亞州由地方學區撥款從事自願性的降低班級規模計畫，由州配合撥款的策略，為幼稚園至三年級學習行為有困難的學生降低班級人數。其他如猶他等十九個州也在實施或考慮某種降低班級規模的計畫。

　　1996 至 1997 學年度，加州實施它的降低班級規模計畫（Class Size Reduction Program），由州撥款給學區，以降低幼稚園至三年級的師生比例為 1：20，該計畫堪稱為可以提供教學啟示的一項重要計畫。在 1997 至 1998 學年度中，有一百九十萬學生接受加州學校的小班教學，加州學區在 1996 年聘用一萬八千位教師，幾乎有四分之一沒有教師資格，學區也需要想出各種方法提供足夠的教室空間，降低班級規模明顯增加教室及合格教師的需求，

大規模實施降低班級規模的政策需要仔細規畫。降低班級規模的影響、費用及與教師進修之間的關係，是美國當前教育改革的重要課題，決策者唯有對這些問題有相當的資訊，才能就各種改革的成本效益及可行性做出明確的抉擇。

以上已對美國降低班級規模的研究與各州推動的措施做了介紹，那麼，小班教學為何有正面的影響？真正降低班級規模何時才有效益？教師如何促進小班教學的效益？最後，擬就這三項問題加以討論。

六、降低班級規模具有正面影響的原因

班級規模降低提高學生的成績，可能是因縮小班級規模中的若干方式自然地改變教室的環境。分在小班的教師指出，課堂氣氛好，學生能夠受到更個別化的注意，以及教師更有彈性去利用不同的教學方法與安排。北卡州布克郡降低班級規模計畫的一項沒有預期到的結果是，教師發現他們自己有更多課堂空間從事教學，因為他們在相同的教室中教導較少的學生，降低班級規模也改變教室以外的教育機會，教師有更多時間與每一位學生家長合作。

降低班級規模改變了許多課堂情境的因素，學生相互干擾較少，平均說來，每一位學生受到教師更多的注意，且有更多發表

的時間，課堂上的嘈雜聲也減少。有一種理論用以解釋班級規模降低對學生成就產生正面的影響，是在小班中每位學生接受的教育資源（可用教師的教學時間表示）的比例較大，結果學習更多。其他研究者注意到小班教學的品質而非數量，「學生教育成就保證計畫」使用教師晤談、教室觀察及其他數據蒐集方法，去研究小班中發生的事，這些研究者認為學生是因為有更多個別的注意而受益，教師對每位學生認識較佳，並能夠隨時掌握學生學習的狀況，這些認識使得教師更能有效地協助個別學生學習。

研究人員也認為，小班更有可能成為友善的地方，學生置身其中，與同學、教師建立較佳的互動關係，進而鼓勵學生參與更多課堂學習活動。班級愈小，學生很難不受到課堂教育經驗的正面影響，班級規模降低之所以對低年級特別有利，可能是因為在低年級階段，孩子正學習如何在人數多於家庭的教室中成為一位學生，他們正學習一種新的日常事務，這種社會化理論也與「師生比例改善計畫」、「學生教育成就保證計畫」的研究發現一致，那就是一位學生的學習成績，在小班教學第一年中的進步最大。

以小班經驗促進學生學習成就的解釋雖不一致，但並不互相排斥個別潛在的影響力。降低班級規模改善學生的學習成就，可能是有更多學習時間、更多個別注意和對教室情境有較好的引入；而且，倘若教師有適應小班教學的訓練，例如從事小班中不同的學生活動，則可能產生額外的效果。

在低年級階段著重小班制也告訴我們，小班教學所代表的是預防而非補救的措施，倘若小班幫助學生於起步時適應好教室情境並參與學習活動，那麼學生可以在學習落後、尋求幫助及趕上同學等方面，避開最困難的教育途徑。

七、降低班級規模何時才有效益

　　班級規模不單純是學生人數多或少的問題，多項研究結果只支持於某一特定門檻且有實際效益的班級規模，例如，班級學生人數由三十人減少為二十五人可能沒有效果。師生比例改善計畫的研究顯示，學生在低於十八人的班級與大班比較表現較好，由於個別學生、教師及雙方互動的差異，班級學生人數低於某一數字即可產生有力的影響是不可能的，然而，班級規模必須在二十人以下才有真正的影響倒是相當清楚。

　　縮小師生比例並不一定就是降低班級規模的意思，在以上提到的大多數研究中，這個問題是一項複雜的因素，因為以師生比例衡量班級規模的適切性一直受到質疑，政策性的措施可能在改變師生比例，倘若降低班級規模是重點，那麼這樣的政策可能無法達到目的。有些措施在列入師生比例計算的教師之外，容許學校聘用其他教育人員，諸如特教、音樂、體育的資源教師，結果學校能夠增聘教師人數而無須降低班級規模。而且由於教室是否足夠牽涉實際與經費的問題，教育主管可能傾向於大班中增加另一位教師，以解決師生比例的問題。師生比例改善計畫與學生教育成就保證計畫的研究結果在這方面是相關的，在師生比例改善計畫中，大班增加教學助理並不能像小班產生同樣的效益，然而在學生教育成就保證計畫中，學生成績的增加發生在師生比例1：

15 和 2：30 的班級中。

降低班級規模不一定能減少教師的工作量，或他們每一天所教的學生人數。倘若一位教師因每班的學生人數減少而被分派教更多班級，教師花更多時間教學及所教的學生並無減少，這個難題可以藉由全年教育（year-round schooling）的策略去解決，但這仍然表示教師須全年教學或聘用更多教師。一般認為，小班教學讓教師個別地或在小組中對每位學生增加教導時間，從而改善學生教育的品質，如果這個看法是真確的，成功的班級規模降低措施必須顧慮教師工作量的影響。

學校為特別學生或科目而降低班級規模的安排，可能以較少的花費達到最大的效果，完全在於如何運作以及什麼使小班經驗變得更好。也許為閱讀降低班級規模比物理更重要，而且研究顯示少數族裔及社經不利的學生在小班教學受益最大，教育工作者不該盲目地認為全面性的降低班級規模是最好的。

學校行政人員及決策者也必須面對降低班級規模對教師供應所造成的影響，如果教師員額不變而降低班級規模增加需求，那麼將導致聘用不合格教師的結果。今天許多州有聘用合格教師的難題，由於整體上對教師素質的關切，以及注重小班教學在職進修的呼籲，決策者是想增進教師素質而不是降低它。然而，降低班級規模的政策可能不會對教師素質有不利的影響，許多教師幾年後辭職去從事其他行業，班級規模降低的好處可以減輕教師折損的問題，如果教師發現小班教學更有回報，他們留在教學工作上會更久些，如此可以減少聘用及訓練新教師的頻率，只有未來能告訴我們班級規模降低的潛在好處是否會到來。

八、促進小班教學效益的作法

　　有效的專業訓練在小班制所產生的效益外，可以增進小班教學的正面影響，降低班級規模提供教師機會實施有別於大班的教學，例如，他們沒有必要花很多時間講課或要求所有學生在座位上做作業。留給學生更多時間意指教師能夠安排不一樣的學習活動，並讓學生經由練習去展現他們的學習成果。例如，北卡州布克郡的計畫中，降低班級規模的計畫伴隨專業進修活動，讓教師能夠運用不同的教學與評量方法。威斯康辛州的學生教育成就保證計畫也包含專業進修活動。

　　倘若學校要投入很大的人力與資源去降低班級規模，這項努力所帶來的益處，可能部分有賴於教師如何利用小班教學去改善學生的學習品質。教師在小班中不一定要改變他們的行為，在一項觀察研究中，縱使分派至小班的教師認為他們的教學有所不同，獨立觀察者看不出教師行為有顯著的差異。

　　研究指出，教師沒有主動改變他們的行為以發揮小班制的益處，而且有相當多的研究顯示促使教師課堂行為大幅改變不是容易的事。無論原來在大班中教學的教師，或因降低班級規模計畫而新聘的教師，都將需要專業訓練與協助以發揮小班制的益處，未來許多學校將面臨這項挑戰，而迎接挑戰的最佳方法仍有待發掘。

參考文獻

教育部（民 87）。**教育改革行動方案**，頁 4-5。

教育部（民 88）。教育基本法條文【線上查詢】。資料來源：
　　http://www.moe.gov.tw/primary/rules/1-18.html

吳清山（民 89）。龐大的教育改造工程才開始：教育基本法與教
　　育發展。**教育資料與研究**，32 期，頁 2-10。

U.S. Department of Education (1999). *Reducing class size: What do we
　　know?*. Washington, D.C.: U.S. Department of Education.

U.S. Department of Education (1999). *Class size. Teachers Discuss*
　　[On-line]. Available: http://oeri3.ed.gov: 8000/Teaches/

小校規畫與高中改革

一、緣起

　　美國中等學校校長協會（National Association of Secondary School Principals, NASSP）及卡內基教學促進基金會（Carnegie Foundation for the Advancement of Teaching）共同合作，對二十一世紀的高中進行了兩年多的研究，並於 1996 年 2 月發表《打破舊制：改變一所美國機構》（*Breaking Ranks: Changing An American*

Institution）報告書，針對高中，提出最具綜合性、前瞻性的改革建議。其中在組織與時間（organization and time）方面，該報告書提出一項具體建議，即將高中營造成小的學習單位，以避免學生得不到個別注意的弊病。

近年來美國高中便有小校規畫的趨勢，究其原因，可從以下三方面來看：第一，各地高中所發生的悲劇，增強了許多實際教育工作者已有的想法，那就是大型高中非個人化的特質導致太多年輕人冷漠孤獨，並與同儕、學生及社區疏離。第二，約有 70% 的美國高中超過一千名學生，其中約有 50% 的高中更超過一千五百名學生。第三，若干研究顯示：

1. 小型學習環境是促進學生成就的必要條件。

2. 學校規模對於學生的教育成果有正面影響，這可從學生上學率、訓導措施的次數、學校忠誠、飲酒或吸食毒品、學校滿意度及自尊等方面顯示出來。

3. 在六百人左右的高中裡學生學到更多。

4. 在貧窮及少數族裔學生較多的高中裡，學生人數對學習有更大的影響。

研究證實父母直覺的信念，即小規模學校更安全更有效率，因為學生少有疏離感且獲得更多教導及與成人的關懷，而且教師覺得他們有更多機會去認識與協助學生。

二、政策宣示

　　教育部長 Richard Riley 於 1999 年 9 月開學之際，以「二十一世紀的美國高中」為題對全國發表演說時，也引用《打破舊制》報告書，特別提到需要為高中生建立小而有助於學習的環境，以培養他們的聯結感（sense of connection）。他表示，雖然我們無法改變目前高中的大小，但我們可以經由校中校（schools within a school）等途徑，確保每一高中生四年中有一個可以信賴的輔導人員，去做到這一點。

　　為了協助高中規畫小型學習環境，美國教育部推出了「小型學習社區計畫」（Smaller Learning Communities Program），這項四千五百萬美元的聯邦競爭性補助計畫，在於協助地方學區在一千名學生或以上的大型高中裡，規畫、實施或擴充較小且個別化的「學習社區」，最多六百名學生。該計畫係由地方學區統一為某一大型高中或若干大型高中提出申請，所支持的策略包括成立校中校、發展職業學苑（career academies）、重組學校日課表、安排個別的認輔成人、發展教師諮詢制度，以及實施其他小校的新措施。

三、具體策略

在美國教育部「新美國高中計畫」（New American High School Initiative）下，獲選表揚的傑出高中已採用不同的策略，如小校規畫促進學習成就、予學生個別化的注意、增加學生參與及減少教室干擾等。以下針對這些高中營造小型學習環境的策略舉例說明，藉供參考。

(一)校中校（Schools-Within-A-School）

校中校是將一所大型高中分成小規模學校的方式，以確保每一位學生的教育經驗更加個別化，這種個別學校是包括不同年齡學生且可能根據一項主題加以組織，擁有自己人事、預算及教學計畫的分開而自治的單位。然而這些單位係在一所大學校中運作，分享資源及設備，教師、學生選擇加入一所校中校，學生大部分的課在一起上，校中校的形態包括職業學苑及學習之家（houses）。

採用職業學苑的高中將它們課程依一種或一種以上的職業類別加以組織，這些學校能夠讓學生在學校所學及職場所做之間建立連結。

例如，德州南大草原高中（South Grand Prairie High School）

位於郊區，計有學生二千四百人以上及一百五十位教師，它創造了一安全學苑的模式，成功地納入大學預修課程以及升學、就業兼備的教育。由學校教師及行政人員所組成的願景小組（Vision Team）表示，有必要教導所有學生去迎接二十一世紀所需的學業及職業的標準，一項基本的目標是提供較小的校中校，俾有更多督導、協助，以及排課、安排教職員、使用空間更具彈性，並讓學生有歸屬感。願景小組參酌其他教職員的意見，成立以下的學苑：健康科學與人類服務、創造及表演藝術、企業及電腦科技、數學、科學、工程、人文學科、法律，每一學苑提供主要學科、職業及科技科目、前大學預修及大學預修科目。學苑利用學生的興趣與性向並提供挑戰性的課程，學苑的教師共同合作去統整及補充科目教學，俾讓學生接受一補強的課程。社區專業人士應邀協助提供學生個別指導、實習的經驗。

馬里蘭州的羅斯福高中（Eleanor Roosevelt High School），是華盛頓市郊中低收入社區的一所公立學校，學生人數計三千零五十三人，是該州最大的一所學校。該校新生選定一種職業學苑，並於第二年開始在學苑上課，他們可以選擇的學苑包括科學與科技、藝術與通信、企業與電腦資訊管理、法律、國際事務與公共服務、先進科技及健康暨人類服務，該校有三分之一的學生研讀科學與科技。學生在校接受強調真正學習的挑戰性課程，高四學生必須完成親身體驗學習的研究實務，從 2001 年開始，高四學生必須完成一項實習或支付工資的職場計畫，或選修 Vital Links——需要密集計畫的一門課。Vital Links 的設立是將具有共同興趣的學生結合在一起，提供關懷成人網，以及幫助學生將他們的高中經驗與未來的人生規畫結合在一起。Vital Links 是將職業輔導

與通信、科技問題解決、批判性思考、人際關係等的技能加以統整。

其次談到學習之家（houses）的模式，在一所高中裡，不同年級的學生數百人分配在一組，每一學習之家有它自己的訓導規定、學生活動計畫、學生自治團體及社交活動，以下以兩校爲例加以說明。

布魯克林技術高中（Brooklyn Technical High School）招收紐約市不同族裔文化背景的男女學生超過四千人，學習強調數學、科學、電腦與科技的挑戰性課程，前兩年學生安排在學習之家輔導體系（house guidance system），後兩年學生則依主修分組，這樣的措施做到兩件事：它將學生依共同的興趣分組，並且在四千多名學生的學校中爲學生創造小而個別化的環境。該校特別課程係配合二十一世紀的科技、工程、科學與電腦，學生修讀規定的所有課程，在三、四年級時選擇一項主修，這些主修讓學校有機會在高年級階段營造較小的學習環境，學生從事與主修有關的活動，如參加校外參觀、設計研究計畫、建立學習作品檔案及小組發表等。

伊利諾州林肯郡史蒂文生高中（Adlai Stevenson High School）有三類校中校，每一類學生人數爲一千一百人，旨在將這所大型高中的規模變小。該校將學生隨機分配到三種學習之家，每一學習之家有它的輔導員、學監及社工人員，學生就在其中學習全校性的主科課程，並上學習之家無法提供的任何科目，採用這種策略的結果，平均班級學生人數降至二十人左右，而且教師與他們的學生建立更個別化的關係。尋求更個別化學習的一、二年級學生能夠加入史蒂文生統整學習學苑（Stevenson Academy for Integrated Learning）計畫，同樣的學生跟英語、社會及科學教師學習兩年。

㈡職業群組／進路（Career Clusters ／ Pathways）

職業群組是範圍廣泛的工業領域，包括科技至專業層次的所有職業，這些領域提供學生分組的架構，並成為統整高學業標準、技能與知識的基礎，當他們從高中進入高等教育或就業的過渡期，職業群組找出學生所需的學業與技術能力。

奧勒岡州波特蘭道格拉斯高中（David Douglas High School）教育有特別需要與興趣的城市社區學生一千七百二十九人，它在為學生預備更具競爭的就業市場時，提供一項綜合性的學習計畫。「學生選擇通向成功之路」（Student Taking Authentic Routes to Success）的計畫為學生升學及就業做準備，每一位進入初中的學生便進行首次的職業試探，到了九、十年級又有一學期密集的職業試探，所有九年級學生有一由教師或行政人員擔任的良師益友，與學生一起工作促進學習成功，並管理學生的學習檔案，一項彈性、個別化的教育計畫為高中階段而設計。九、十年級主要在於一般科目的學習，而十一、十二年級則專注於一項重要領域的學習，所有學生選擇七大職業領域中的一項，稱為類組（constella-tions），類組係涵蓋州所規定的六大職業領域及學校所創的醫療類組，七個類組包括：社會及人類服務、健康服務、企業管理、工業及工程體系、自然資源、藝術通訊及醫療、旅遊娛樂。

科州湯普生學區（Thompson School District）七年前建立了野心勃勃的學區標準與評量，為了幫助學生達到這些較高的標準，

學區改採職業進路,那可以鼓舞學生達到較高成就的六個學術及職業領域,這些進路包括:企業營運、科技機械自然資源與工藝、研究工程及醫療服務、藝術與通訊、社會健康教育及個人服務、行銷管理及簿記。學區中的每一所高中已經根據它的選擇及環境進行改革,有些學校強調課程發展及小組教學,有些教師將職業有關的活動融入學科教學,其他則重視為學生設計工作為基礎的經驗。每一位學生與輔導員、父母及教師組成的小組合作發展統整的職業與學科計畫,這項計畫鼓勵學生探討各項職業進路的技能及所需的教育,學生能夠找尋選擇、確立目標並完成合適的課程及工作為基礎的學習經驗。湯普生學區的學生已被鼓勵探索他們的未來,確立學科及職業目標,並持續獲得父母、教師、輔導員、雇主及社區領袖的幫助,結果,學區的學業標準超過州所訂的標準,中輟率下降以及兩年、四年學院的入學率大幅增加。

㈢諮詢制度促進個別化 📎

在這種模式下,行政人員及教師被分派在高中三或四年中負責一小組學生,原班(homeroom)時間改為教師諮詢時間。

佛州奈斯維爾高中(Niceville High School)學生人數超過二千一百人,提供各種課程以適應學生的需求,學校課程的特色是一種綜合性的安排,學生可設計個人的學習計畫以達到各種職業選擇,學校行政當局的高能見度與學生的互動增進了他們的安全感。所有學生屬於「學生尋求諮詢機會」(Student Opportunity for Advisement Request, SOAR)的團體,每一個學生自九年級開始指定一位輔導員,並跟隨此輔導員四年,輔導員經由諮商及排

定與父母、學生的團體會議，協助準備、督導一項為期四年的個別教育計畫，分派的模式是在同一年級內依據字母順序進行，讓所有來自不同課程的學生混合，學生在高中四年中留在同一個團體，「學生尋求諮詢機會」的團體平均有二十五個學生，好讓學生彼此相互認識，也讓教師／輔導員對每一個學生有很好的認識，身為「學生尋求諮詢機會」的成員，也讓新生馬上有歸屬感。

　　紐曼史密斯高中（Newman Smith High School）位於德州達拉斯市郊，這所學校是當地一所公立高中，採用《打破舊制》報告書所提的建議，修改職業輔導及其他措施，進而促進改革的見證。從報告書發表之後，便分發給學校教職員，以協助達成學校的願景。建立職業諮詢計畫（Career Advisory Program）便是該校重視《打破舊制》報告書的一項結果。以年級為單位，每一位教師分配有十二至十五位學生，計畫的重點是協助每位學生發展一項學習檔案形態的個別教育計畫，以及在每一年級提供不同的諮商計畫，第一年的輔導人員幫助學生擬定一種四年計畫。此外，一門必修的導入課程於 1995 至 1996 學年度實施，探討學習技巧、學校多元文化的認識、思考技能、職業機會及學業規定；高二的輔導員加強計畫以含括選修科目的抉擇去配合一種專業進路；高三學生輔導員協助簡歷撰寫及面談技巧；至於高四學生的輔導員則協助升大學的論文及大學教育計畫。高中四年中學生與輔導員每月見面一次。

㈣磁性學校

　　磁性學校通常強調一門主要學科，如數學、科學或藝術，一

般招收來自整個學區的學生，進入一所磁性學校可能有其一定入學要求，以下試舉一校說明。

佛州邁阿密透納技藝高中（William Turner Technical Arts High School）是一所市區磁性學校，來自地方上的學生均可入學，學生接受統整的學科與技術教育，並能取得學校獲得的「二合一」（2-for-1）畢業證書，兼具一所高中畢業證書及州檢定、工業界認可的技術訓練。該校成功的基石在於它於各項職業情境中教導嚴格的學科（四年英語、三至四年數學、三至四年科學），該校在以下七種學習領域提供二十三個學習計畫，每一計畫是依據當地勞工市場上成長的工業而設立的：農業科學、應用商業與科技、健康、工業技術、財務、公共服務／電視製作，及住宅營建。每一學習領域有英文、數學、科學及社會研究等科目，而這些科目係統整在學習領域中所強調的計畫，統整課程的優點是該校上學率與成績持續提高的原因之一，而且追求卓越的聲譽造成每一招生空缺便有兩個申請者。

(五)**長時段排課方式**（Block Scheduling）

在這個模式下，上課時間由每節四十五至五十分鐘延長為八十至九十分鐘的時段，延長上課時間可以提供更多個別注意、科技整合的教學及更多樣化的學習活動，長時段排課可以避免換教室的干擾，並提供教師更多準備時間。

安格拉高中（Angola High School）是一所學生人數八百四十三人、坐落在印第安那州安格拉鄉村社區的小規模綜合高中。安格拉高中 1995 年進行大幅度的重組，基本上在改變授課的方式，

以《打破舊制》報告書為藍本，擬訂一種有效的全校性改革計畫，結果該校使用更長、更具彈性的四個時段教學時間，這樣的排課方式支持學校創造小規模學習環境及破除學生得不到個別注意的努力。在學校重組之前，教師每天面對學生平均為一百二十四人，改採四個時段的日課表後，教師的工作量減少至平均六十人，而學生每天從達到六或七位教師的要求，減少至三或四位教師的要求。教職員接受訓練營造合作、關懷的教室情境，學生在其中主動且很自在地與其他人互動。安格拉高中平均班級學生人數為二十人，這種學習環境時常是大學校利用群組及學習之家的途徑所追求的。學生可以選擇學習討論（study seminar）為四堂課中的一種，教師輪流到學習討論課堂上去幫助學生家庭作業並督導他們學習。它是在學校上課日裡，每天提供教師與學生互動的一個好機會，它是使用空間與資源去充分配合學生的需要。這是該校整體改革中的重要部分。

紐約市財經高中（High School of Economics and Finance）位於華爾街中心地帶，學生七百八十八人，該校提供學生學習及個人發展獨特且挑戰的Sanford I. Well研究中心及其他工作經驗，取得與鄰近金融社區廣泛接觸的機會，該校將紐約市金融區的資源當作實驗室，以協助學生將所學及工商界的需求連結在一起，以激勵他們追求卓越的學習。該校成立於1993年，係以經濟與金融為主題去安排它四年的課程，課程是依紐約市所提供的最高程度學科而安排的，當學生學完十一個科目及支薪的實習後，他們取得證明且備有金融工作專門知識的證照。

以上的高中因採用《打破舊制》報告書中小校規畫的建議，而獲得「新美國高中」的美譽。為了幫助讀者有一概括的了解，

僅將它們營造小型學習環境的策略歸納如下：1.將高中劃分為小的學習單位，讓學生能得到個別的注意。2.設置獨立且自我運作的學生人數不超過六百人的校中校。3.發展橫跨學科領域的職業學苑，利用工商企業各界的實際情境以促進學習。4.限制每一教師在每一教學時段面對的學生不超過九十人。5.發展彈性的排課方式以促進教與學。6.採用教師諮詢制度讓每位學生有一關懷成人而獲得特別的注意，每一關懷成人負責的學生在十五至二十人之間。7.以重新翻修的變通方式，去組織一所新的大型高中。

四、結語

由上可知，小校規畫是近年來美國高中教育改革的趨勢之一，而我國 1999 年 6 月頒布的教育基本法，亦明確規定國民基本教育應視社會發展需要延長其年限，且其學校之編制應以小班小校為原則。盼本文所介紹的美國高中營造小型學習環境的措施與經驗，可供我們規畫實施之參考。

參考文獻

教育部（民 88）。教育基本法條文【線上查詢】。資料來源：
　　http://www.moe.gov.tw/primary/rules/1-18.html
National Association of Secondary School Principals (1996). *An*

executive summary of breaking ranks: Changing an American institution. Reston, Virginia: NASSP.

Riley, R. W. (1999). The American high school in the 21st century [On-line]. Available: http://www.ed.gov/Speeches /09-1999/990915. html

U.S. Department of Education (2000, February). Examples of high schools with small school structures. Washington, D.C.: U.S. Department of Education.

U.S. Department of Education (2000). Small-learning communities program [On-line]. Available: http://www.ed.gov /otties /OESE/ SLCP/

當前的國際教育政策

一、緣起

　　八大工業國家（G8）高峰會 1999 年 6 月在德國柯隆舉行時，前所未有地將教育列為討論的議題，八國領袖在所簽署的柯隆憲章（Cologne Charter）中，強調教育在促進經濟繁榮、公民責任及社會融合所扮演的角色，適應能力、就業潛能及因應變化是未來社會的主要挑戰，工作、文化及社區之間的流動將是必要的，

而教育與終身學習正是提供每一個人流動所需的護照（passport to mobility）。為達成此目的，八國領袖決議增進國與國之間教師、行政人員及學生的交流，並請有關專家去找出交流的主要障礙及適當的解決方案。

於是，八大工業國家的教育部長 2000 年 4 月在日本東京舉行首次會議，探討「變遷社會中的教育」（Education in a Changing Society），他們同意將鼓勵國際合作以降低社會變遷的教育不平等，擴充終身學習與遠距教育，支持資訊與通信科技在教育上的發展與應用，並且進一步促進教育、行政人員及學生的互訪交流。

隨後，第二屆亞太經濟合作（APEC）教育部長會議也於新加坡召開，計有來自亞太地區各國的教育部長與決策人員參加，會中就學習社會中資訊科技的利用（The use of information technology in a learning society）、革新教育管理制度（Reforming education management systems）、經由研究改善教學體系（Improvement of teaching systems through research initiatives），及加強人員與知識的合作與交流（Enhancing cooperation and exchange of people and expertise）等四項主題進行討論。

從近年來高階層的國際性會議觀之，我們不難了解國際教育與交流是當前先進國家共同關心的課題。

二、具體策略

　　基於此一發展趨勢，美國前總統柯林頓 2000 年 4 月以「國際教育政策」為題，對聯邦、州與地方行政主管機關首長發出國際教育政策備忘錄。據了解，此一政策的形成，美國國際教育人員協會（NAFSA: Association of International Educators）的倡導具有相當貢獻，該協會稍早發表「邁向美國國際教育政策」（Toward an International Education Policy for the United States）的聲明，闡述了美國為何需要一項國際教育政策以及它執行的項目（含外國語文及地域知識、國際學生召募、海外進修三大類），聲明的要點和細節已反映在前述的備忘錄中。備忘錄指出，支持國際教育是聯邦政府的政策，我們要做到：

　　1.鼓勵其他國家的學生來美國留學。

　　2.促進美國學生到國外留學。

　　3.支持社會各階層的教師、學者和公民的交換。

　　4.加強美國機構發展國際夥伴關係和專門知識與技術的努力。

　　5.擴展美國民眾高品質的外語學習及對其他文化深度的認識。

　　6.幫助和支持教師們教導學生有關其他國家和文化方面的努力。

　　7.開發新的技術以協助全球的知識傳播。

　　由於聯邦政府無法獨立完成這些目標，柯林頓總統呼籲教育

機關、聯邦與地方政府、非政府組織及企業界共同參與推動。備忘錄並指示聯邦政府與私人機關組織合作去達成許多具體目標，並請副總統協調聯邦政府推動國際教育的策略。

教育部長 Riley 在歷史性的亞洲之旅及參加前兩項的國際性教育會議之後，亦於 4 月就國際教育的重要性對全國發表政策性演說，承諾將採取一系列的新步驟重整美國國際教育，諸如促進海外研習、加強各級學校外語教學、確保國際教育為大學教育統整的一部分等。他表示，美國至少應該達到八大工業國家所預定的新目標：在未來十年高等教育交流機會至少增加到兩倍，亦即尋求新的途徑加倍招收外國學生及派遣學生赴海外進修。

美國國會 5 月間提出兩黨共同支持的美國國際教育政策決議案，明確指出國際教育政策應含括以下的目標：

1. 確保所有大學畢業生具備一種外國語文及外國地區的知識。

2. 確保國家經由教育機構產出國際方面的專門知識。

3. 重新為美國爭取到 40％的國際學生市場。

4. 簡化國際學生的簽證、繳稅及雇用有關規定。

5. 大幅增加美國學生赴海外進修。

6. 增進海外進修地區、語文及科目的多樣性，以確保國家具備完整的國際知識。

7. 鼓勵國民與專業人士交流活動並促進學者交流。

由此可知，國際教育已受到美國聯邦政府的全面重視，不再限於個別校園促進多元性、國際化所進行的多元教育（diversity education）與交流活動，以下試舉兩項具體策略說明之。

為了推動國際教育與交流，美國國會於 2000 年 10 月初通過「2000 年國際進修機會法」（International Academic Opportunity

Act of 2000），並送交柯林頓總統簽署實施，該法案每年將提供五千個獎學金（稱為 Gilman scholarships），給有意赴海外進修的低收入家庭的學生。凡在美國大學校院就讀且有需要協助的公民，經美國以外的大學校院接受，或在原校認可學分的特定海外研習計畫下進修達一學年，均符合該項獎學金申請的資格。這項海外進修獎助計畫係由國務院負責執行，咸信將能大力促進美國學生的海外進修活動。

其次，美國教育部與國務院推出前所未有的「國際教育周」（International Education Week）構想，將 11 月 13 日至 17 日訂為國際教育周，旨在促進學生了解其他國家文化、語言及政府的價值，國際教育周係回應柯林頓總統有關國際教育政策的指示。教育部長 Riley 表示，「民間的往來與交流在今日世界經濟中逐漸扮演重要的角色，我堅信全球民主成長、經濟繁榮、社會穩定與國際合作與教育相互有關。我們應該在低年級階段教授孩童一種外國語文，並支持雙語教育計畫，學生學習英語，也獲得第二種語言的基本能力。倘若更多人了解其他人的語言與文化，我們更有可能避免衝突、跨越文化差異去建立國際的友誼和夥伴關係」。據了解，Riley 部長已邀請所有在美的外國大使於國際周期間訪問大中小學，計有超過四十位大使接受邀請。同樣地，國務院也要求駐外大使訪問駐地的一所教育機構。除此以外，有很多公私立機構與夥伴，包括大專校院、中小學、國際組織、企業界等，將研擬並參加促進國際教育及國際相互了解的活動。

為了協助國際教育周活動的規畫與執行，美國教育部與國務院提出一些地方性或全國性的活動構想，它們鼓勵各界自行設計活動並提出計畫，俾彙整在國際教育周網頁上供大家觀摩學習。

謹將一些活動構想列舉如下供作參考：

　　1. 經由州政府和市政府的管道，在您的機構或小鎮、城市及州宣布國際教育周。

　　2. 聯絡傳媒並報導彰顯社區舉辦國際教育周的重要性。

　　3. 提供媒體相關文章和信件，包括工商貿易雜誌、機構通訊刊物及大中小學學生報。

　　4. 邀請傅爾布萊特交流計畫（Fulbright Program）及其他交流的參加者，與社區分享他們的經驗。

　　5. 訪問地方學校講解外國研究。

　　6. 敦請藝術館、藝廊及其他文化機構在它們現行的活動中加入國際方面的內容，或在國際教育周期間提供優待或免費入場券。

　　7. 舉辦研討會探討國際教育及它對您的社區、學校的影響。

　　8. 辦理文物展及（或）邀請外國學生於課堂上分享他們的語言文化。

　　9. 在您的社區學校與一所國際學校之間經由網際網路建立教室與教室間的連結與交流。

　　10. 與地方商業機構（如商會）合作，強調國際經濟關係與國際教育。

　　11. 安排博物館參觀及酒會，配合特定國家收藏品有關的演講者。

　　12. 鼓勵外國互訪人員與他們的接待家庭和朋友分享他們的傳統、食物及其他文化主題。

　　13. 尋找國外姊妹市或鎮，並於國際教育周同步進行一項共同的活動。

　　14. 召募地方上有海外經驗的專業人員介紹生涯心得，並充當

學生及其他專業人員的良師益友。

15.透過表演及研究有外國風味的藝術作品，以探討國際藝術，如音樂、電影、戲劇、視覺藝術、文學及舞蹈等。

16.邀請大專院校教授加入社區組織及學校以慶祝國際教育周。

17.在校園或社區安排一場與國際主題有關的學術研討會，主題可以包括國際交流及海外研習機會、外國語言／文化學習、民間交流、高等教育國際化、教育科技（遠距學習）。

三、結語

從柯林頓總統簽署國際教育政策備忘錄，Riley教育部長發表政策性演說，以至國會提出相關決議案，我們可以確定國際教育是美國聯邦政府未來的重要施政，目前的海外進修獎助及國際教育周兩項具體策略如能落實，應有助於喚起美國民眾對國際教育的重視，以及擴大美國學生的國際視野。

由於地球村的形成，國際化是世界性的潮流，其中教育國際化是首要的關鍵，美國積極推動上述的活動，鄰近的日本亦然，文部省宣布對外國學生施以標準化性向測驗簡化入學申請手續，提供獎學金給標準化性向測驗成績優異的學生，簡化外國學生簽證手續，並設立外國學生低利貸款計畫，期在未來十年留學日本的外國學生人數能加倍成長。盼以上的介紹，可作為我們持續推動國際教育之借鏡。

參考文獻 ✍

教育部國際文化教育事業處（民89）。第二屆亞太經濟合作教育部長會議報告。台北：教育部國際文化教育事業處。

Chan, M. (2000, September 11). Japan plans aptitude test to ease enrollment process for foreign students. *Chronicle of Higher Education*. Retrieved September 12, 2000 from http://www.chronicle.com/daily/2000/2000091104n.htm

Japan Ministry of Education, Science, Sports and Culture (2000, April). *Report of G8 Education Ministers' Meeting and Forum*. Retrieved October 17, 2000 from http://www.monbu.go.jp/g8/eng/e_h1.htm

NAFSA: Association of International Educators (2000, October 16). Study abroad bill passed, sent to White House. *NAFSA News, 5 (39)*.

NAFSA: Association of International Educators (2000, February 22). *Toward an international education policy for the United States*. Retrieved October 17, 2000 from http://www.nafsa.org/int-ed/22200.html

Riley, R. (2000, April 19). *The growing importance of international education*. Retrieved July 9, 2000 from http://www. ed.gov/ Speeches/04-2000/000419.html

U.S. Department of Education (2000, September 25). *First-ever international education week is Nov. 13-17* [On-line]. Available: http://

www.ed.gov/PressReleases/09-2000/0925.html (September 26, 2000).

U.S. Departments of State and Education (2000). *International education week*. Retrieved September 26, 2000 from http:// exchanges. state. gov/iep

U.S. House of Representatives (2000, May 25). *Expressing the sense of Congress that there should be an international education policy for the United States*. Retrieved July 9, 2000 from http://www.nafsa. org/advo/nicep/hconres 342.html

U.S. Senate (2000, September 20). *A bill to establish an undergraduate grant program of the Department of State to assist students of limited financial means from the United States to pursue studies abroad* (S.3076). Retrieved October 17, 2000 from http://www.nafsa/ advo/studyabroad/s3026.html/

White House (2000, April 19). *Executive memorandum on international education*. Retrieved July 9, 2000 from http:// www.ed.gov/Press-Releases/04-2000/wh-000419.html

附錄：美國教育改革大事紀（1994-2004）

年度	重大事項	簡要說明
1994	通過歷史性的目標兩千年教育法（Goals 2000: Educate America Act）	確立八項國家教育目標、建立州地方夥伴關係、發展挑戰性學業標準、發展評量工具、加強學校績效責任等
	修訂中小學教育法，並稱為改革美國學校法（Improving America's Schools Act）	幫助社經地位不利兒童達到高的學業成就、確保校園安全、促進學校科技、提供教育人員進修機會、支持革新與彈性的教育措施，如發展特許學校
	頒布學校通向就業機會法（School-to-Work Opportunities Act）	倡導結合學科、職業試探與訓練的教育方式，包括學校為基礎的學習、工作為基礎的學習、學校通向就業的連結活動

年度	重大事項	簡要說明
	成立家庭參與教育夥伴關係組織（Partnership for Family Involvement in Education, pfie.ed.gov），團體會員超過五千	係全國性促進父母參與的非營利性組織，成就包括吸收會員、舉辦會議、出版刊物、推動兒童閱讀及美國返校活動等
	全國時間與學習教育委員會出版《時間的俘虜》（Prisoners of Time）一書	該書指出教師要做的事在數量及複雜的程度已經增加，使得教師進修顯得更為重要
	教育部推動「安全及免於毒害校園實施計畫」（Safe and Drug Free Schools program, www.ed.gov/offices/OESE/SDFS）	包括「毒品暴力預防的州補助計畫」及應付緊急需要的「全國性計畫」兩大項
	教育部編印《堅強的家庭，堅強的學校》一書（Strong Families, Strong Schools, www.eric-web.tc.columbia.edu/families/strong/）	這本書彙集三十年的研究成果，以協助學校推動父母參與孩子的教育，是重要且普受歡迎的參考資料
1995	推動暑期讀寫計畫（READ*WRITE*NOW!, www.ed.gov/inits/americareads/readwnow.htm/）	兒童每周五天每天讀寫三十分鐘、每周至少與成人閱讀一次、申請使用圖書館卡、每天學習一個新字
	倡導美國返校運動（America Goes Back to School, www.ed.gov/ Family/agbts/）	鼓勵父母、社區人士於開學期間到學校參加相關活動，以表示對教育的支持

年度	重大事項	簡要說明
	柯林頓總統將學校宗教問題處理備忘錄分送全國各學區	放寬學校中宗教表達及禱告之限制
	教育部召開年度「目標兩千年教師論壇」（Goals 2000 Teacher Forum）	視教師為改革的夥伴而非對象，籲請參與教育改革
1996	通過歷史性的電訊傳播法（Telecommunications Act），並宣布為期五年、二十億美元的科技智能挑戰基金	促成一九九七年聯邦通訊委員會（FCC）通過全國學校、圖書館上網的教育優惠率（E-Rate, www.fcc.gov/learnnet）
	召開九六年網路日（NetDay 96）科技會議，發表教育科技改革報告書（www. netday96.com）	確立教育科技改革的四項目標：教師科技訓練、網路學習資源、師生接觸現代化電腦、每一學校教室連結網路
	教育部出版《促進家庭聯繫的策略》（Reaching All Families, www.ed.gov/pubs/ ReachFam/index. html）一書	提出學校日（open house）等十八種策略，協助學校促進父母參與
	「國家教學與美國未來委員會」（NCTAF）發表教師素質的重要報告	指陳教師素質的缺點，並提出五大項改革建議
	州長、企業領袖及教育界代表召開全國教育高峰會	探討標準、評量、科技運用、績效責任（accountability）
	教育部編印「營造安全暨免於毒害校園行動手冊」（www.ed.gov/offices/OESE	手冊列舉安全、有秩序及免於毒害學校的十一項要點，以供研擬一套確保校園安全的措施

年度	重大事項	簡要說明
	/SDFS/actguid/title.html）	
	發表《打破舊制：改變一所美國機構》（簡稱 Breaking Ranks）有關高中改革的重要報告	對二十一世紀的美國高中提出最綜合性、前瞻性的改革建議，包括八十餘項
	教育部編寫發表「學校制服手冊」（Manual on School Uniform, www.ed.gov/updates/uniforms.html）	提供全國一萬五千個學區參考使用，以維護校園安全
1997	柯林頓總統提出為美國教育打拚的四項具體目標和十項重點工作	教育部配合提出七大施政計畫（www.ed.gov/updates/7priorities）
	教育部提出教師素質改革的六項目標	針對教師的招募、培育、導入、進修等提出具體措施
	柯林頓總統提出「美國閱讀挑戰」運動（America Reads Challenge, www.ed.gov/americareads/）	幫助孩子在三年級結束前能夠獨立且流利地閱讀
	教育部提出一九九七年高等教育機會法案（www.ed.gov/OPE/PPI/HOPE）	經由高等教育機會法案抵稅獎學金、學費課稅寬減及大幅提高培爾助學金，促進民眾接受高等教育機會
	教育部著手推動「新美國高中計畫」（New American High School Initiative, www.ed.gov /offices/OVAE/nahs/）	選拔推廣符合二十一世紀需要的高中，兼顧學科與技能的學習，以及升學與就業的準備

年度	重大事項	簡要說明
	柯林頓總統提出「一九九七年重建美國學校夥伴關係法」	擬於未來四年撥五十四億美元，以協助州和地方整修舊學校及興建新學校
	柯林頓總統、前總統布希、卡特等發起「美國承諾」（American Promise）運動	確保美國年輕人獲得關懷成人、健康開始、學有所用的教育、服務機會、安全的空間與活動等五項資源
	教育部推動閱讀與數學自願性全國測驗（Voluntary National Tests, www.ed.gov/ nationaltests／）	一九九七至一九九八年間規畫發展四年級閱讀、八年級數學的測驗，以確保學童習得基本知識
	教育部推動「二十一世紀社區學習中心計畫」（21st Century Community Learning Center Program）	開放延長公立學校時間，讓兒童、社區民眾課後、週末及暑假有一安全無毒害的去處學習成長
	教育部公布一九九七年殘障教育法修正案（IDEA'97）	依據五大原則修訂，以提高殘障學童的學業成就爲主要目的
	美國科學促進協會（AAAS）的二○六一計畫（Project 2061, http://proj2061.aaas.org）發表「改革藍圖」（Blue Prints for Reform）	說明爲使學生高中畢業後，具備足夠的科學、數學和技術的智能，教育體系需要進行怎樣的變革
	教育部出版《促進學習公約實施手冊》（A Compact for Learning, www.ed.gov/pubs/ Compact／）	說明學校發展促進學習公約的步驟

年度	重大事項	簡要說明
1998	建立聯邦教學網路資訊站（www.ed.gov/ free）	蒐羅豐富的網路上教學資源
	Riley 教育部長就教師素質對全國發表重要演說	呼籲各州、地方及大學校院加入師資改革的夥伴關係
	國家研究委員會（National Research Council）發表《預防兒童閱讀困難》的重要著作（www.ed.gov/americare-ads/ReadDiff/）	青少年及成人的大部分閱讀困難，大都能夠在幼兒期內避免或解決
	教育部召開全國閱讀高峰會（Reading Summit, www.ed.Gov /inits/readingsummit）	提出五項挑戰，期勉各州加速培養兒童閱讀能力
	國會通過「閱讀卓越法」（Reading Excellence Act）	在中小學教育法第二章中加入有關閱讀方面的條文
	教育部發表《如何扭轉低成就學校》一書（www.ed.gov /pubs/turning/prt.html/）	旨在協助各州與地方整頓表現欠佳的學校
	國會通過「一九九八年高等教育修正案」	明文規定績效責任，要求今後各州及高教機構對師資培育計畫提出成果報告
	柯林頓總統提出激勵青年學子上大學的新措施（HIGH HOPES for College for Amer-ica's Youth）	給予六年級以上、社經地位低的兒童適當引導，使他們有意願也能夠上大學
	高爾副總統表揚線上義工	指南描述義工利用電子郵件輔導學生

年度	重大事項	簡要說明
	時，介紹一本《E-MATH 線上輔導指南》（www.ed.gov/ pubs/ emath）	數理的構想、方式及現行的幾項措施
	柯林頓總統提出一項歷史性的幼兒照顧措施（Child Care Initiative）	在未來五年撥款二百一十七億美元，推動協助職業父母支付托兒費用等五項措施
	柯林頓總統推動「教育優先區」（Education Opportunity Zones）的計畫	協助改善高貧窮都市和鄉村的學校，以提升學生的學習成就
	教育部提出「降低班級規模實施計畫」（www.ed. gov/in- its/ClassSize）	在未來十年撥款二百零八億美元，進用十萬教師以降低一至三年級班級學生人數為十八人
	福翰基金會（www.ed excel- lence.net）發表「國家仍在危機中：一項教育宣言」	這項宣言對教育提出四項準則、兩項並行的主要改革策略，以及十項突破性的改變，引起全國注意與爭論
	國家教育統計中心（NCES）公布美國十二年級學生第三次國際數理研究（TIMSS）的成績	由於成績殿後，Riley 教育部長籲請州與學校提高數理的學業、測驗與教學標準
	教育部創立並首次頒發全國性之「史丹福教育英雄獎」（John Standford Education Heroes）	該獎頒發給改善學校、社區及增進學生學習有特殊貢獻的十人
	國家學習困難學生教育研究所發表《學校改革工具》	蒐錄二十七種有效的學校改革模式，供教育決策者及實際教育工作者參考

年度	重大事項	簡要說明
	（*Tools for School*, www.ed.gov/pubs/ToolsforSchools）一書	
	教育部推動「協助中學生上大學的計畫」（GEAR-UP）	鼓勵更多年輕人存有高期許，努力讀書以進入大學
	教育部、司法部共同編印《早期預警及時處理》（*Early Warning Timely Response*）校園安全指南一書（www.ed.gov/offices/OSERS/OSEP/earlywrn.html）	提供有研究做基礎的實際知識，以協助學校社區盡早辨識學生問題行為的徵兆，並擬定預防、處理及危機反應的計畫
1999	柯林頓總統發表國情咨文，提出今年內推動教育績效責任法的新構想	首次要求州及學區對教育績效負起責任，並提出取消自動升級等五項措施
	聯邦政府提出「一九九九年學童教育卓越法」，檢討現行的中小學教育法，明列教育績效責任的條文	基於過去五年的教育成果加以修訂，並勾勒未來五年（二〇〇〇至二〇〇四年）的改革方針
	州長、企業領袖及教育主管召開全國教育高峰會，並發表行動聲明（www.achieve.org）	州必須擬訂策略解決現階段的三項課題：教師素質、學生達到高學業標準、教育績效責任
	教育部依據總統指示，發表取消自動升級處理的手冊	協助州與學區執行取消自動升級的挑戰

年度	重大事項	簡要說明
	Riley 教育部長對二十一世紀的高中發表重要演說	旨在促進全國性的對話，並提出高中改革的建議
	國會成立國家網路教育委員會（Web-Based Education Commission）	協助各級教育擬定網路運用於教育上的政策，預定二〇〇〇年十一月提出綜合前瞻的報告
	國家教育統計中心首次發表兩年一次的「教師素質：公立學校教師培育暨檢定報告」	報告著重教師素質的幾項指標，發現只有 20%的教師覺得在現代教室中工作已有充分準備
	各州教育協會（ECS）成立之全國教育權責制度研究委員會發表總結報告	提出教育權責制度的兩種改革模式供各州與學區參考
	二十一世紀國家數理教學委員會（National Commission on Mathematics and Science Teaching for the 21st Century）成立	研究中小學數理教師素質及數理教學的問題，並於一年後提出報告
	教育部及國家科學基金會共同倡導「美國計算」（America Counts）運動	聯邦政府在六大策略上去提升數學教育的水準
	國家教育目標研究小組（National Education Goals Panel, www.negp.gov）發表第九次的國家教育目標執行成果報告	提供歷年來持續進步的州、表現最佳的州以及改善最大的州等有關資料

年度	重大事項	簡要說明
	教育部發表全國性的「特許學校現況：第三年報告」（www.ed.gov/pubs/charter3rdyear/）	說明特許學校的趨勢、特色、困難、自治與績效責任等
2000	教育部推出高中小型學習社區計畫（Small Learning Communities Program, www.ed.gov/ offices/OESE/SLCP）	協助全國高中規畫小型的學習社區，策略包括校中校、職業學苑等
	柯林頓總統、國會、教育部分別呼籲擬定推動國際教育政策（www.ed.gov/PressReleases/04-2000/wh-000419.html）	柯林頓總統對全國各級行政主管發出備忘錄，提出國際教育政策，並盼共同推動
	國會指定成立之國家閱讀研究小組（National Reading Panel）發表研究報告	提出具科學研究基礎、可供教師使用的閱讀教學實際措施
	全國州長協會（NGA）在年會中確定高等教育為研究重點	未來三年探討學費、課程與大學研究等問題（www.nga.org/ 2000Annual/Index.asp）
	柯林頓總統發出提供數位機會的全國行動呼籲（www.ed.gov/ Technology/dunn-form.html）	為每一小孩提供二十一世紀的學習工具，為每一家庭、社區提供數位機會
	各州教育協會發表「追求師資素質」研究報告（www.ecs.org）	旨在協助各州的教育決策者改善教師的素質

年度	重大事項	簡要說明
	柯林頓總統發表「學校為社區中心」的建築設計指南（www.ed.gov/inits/construction/ctty-centers.htm/）	總統在其年度學校改革之旅，發表此一指南，供新學校的規畫、設計之參考
	教育部教育科技司正檢討修訂國家教育科技計畫（www.air.org/ forum/）	修訂之計畫將於今年秋完成並將教育科技的有效運用列為新的國家目標
	教育部召開「高中再造」會議，邀請教育工作者、聯邦州地方決策者及各界人士參加	就高中改革的十一項要素進行研討（www.dtiassociates.com/reinventinghighschool/）
	全國師範教育認可委員會（NCATE）發表師資培育計畫認可的新標準（www.ncate.org/ 2000/2000stds.pdf）	要求大學對其畢業生任教的表現負起責任，提供師資培訓適當的支助及與中小學合作，新標準預計於 2001 年秋實施
	柯林頓總統宣布就任八年的教育施政報告（Challenging the Status Quo: The Education Record, 1993-2000, www.ed. gov/inits/record/）	這項報告敘述柯林頓政府如何促進績效責任與學生成就、加強教師素質、擴充學校選擇及特許學校、增進父母參與及科技使用等的成就
	美國教育部依據一九九三年「政府施政成效法」提出未來五年（2001-2005）的施政藍圖（www.ed.gov/pubs/ DraftStratPlan/）	該施政藍圖依據四項綜合目標所建構，每一綜合目標名列具體目標，每一具體目標列舉成就指標及主要策略

年度	重大事項	簡要說明
	二十一世紀國家數理教學委員會提出數學教育改革的報告書——*Before It's Too Late*（ed.gov/americacounts/glenn/toc.html）	說明需要強調孩子數理能力的四項理由，以及提升數理教育的三大目標及相關行動方案
	美國教育部召開第七屆改革美國學校會議（www.ncbe.gwu.edu/ iasconferences/）	此項會議分三區舉辦，旨在讓參加的州及地方教育工作者了解教育部的施政方向與重點、最新的研究資料以及相關教育補助計畫
	美國教育部十一月發表《無礙的學習》（*Learning Without Limits*）報告書（www.ed.gov/offices/OPE/AgenProj/report/index.html），是該部高教司推動高等教育的藍圖	報告書在確保所有學生上大學，探討支付大學費用的角色與責任，改善師資素質，統整科技與遠距教學於課程以及強化國際教育等五大領域下，提出十二項策略及三十八項具體步驟，是高教司廣徵各界意見所得的改革建議
2001	布希總統一月上任後，即宣布「不讓孩子落後」的教改藍圖，揭示了未來的優先施政方向	教改藍圖將加強州、學區和學校對學生成就負起績效責任，將聯邦經費花在有效研究為基礎的教育計畫和實際措施，減少官僚作業，並增加州與學區的彈性，提供家長更多學校品質資訊及學校選擇機會
	國家教育統計中心五月底發表二〇〇〇年美國教育現況（The Condition of Education 2000）	此一教育統計依五十九項指標報導美國教育概況，由以下六方面所組成：各級教育學生人數與特色、學生成就與教育影響、不同族裔學生努力及進步程度、中小學教育品質、高等教育

年度	重大事項	簡要說明
		狀況、社會對學生學習的支持
	眾議院、參議院分別於五月、六月通過「不讓孩子落後法」各自的版本	由於該法案版本之差異，參眾兩院雙方協商委員會七月開始談判解決，並於十二月批准協商後之法案
	教育部六月啟動暑期閱讀活動 "No Such Thing as a Vacation from Reading"，並於十二月發起寒假閱讀活動 "Home for the Holidays... Reading Together"	暑期閱讀活動鼓勵大人每天與小孩一起閱讀，以防止小孩失去閱讀技能，教育部先前所成立的 Partnership for Family Involvement in Educaiton 支持推動寒假閱讀活動，參考網站為 www.ed.gov/holidays
	紐約卡內基企業（Carnegie Corporation of New York）及其他贊助機構宣布一項全國性的改革計畫「新紀元的教師」	此一改革計畫係選擇少數大學校院建構卓越的師資培育計畫，其目的是幫助這些機構為未來的教師提供優秀的培育計畫，詳閱 carnegie.org/sub/program/ teachers_announcement.html
	Paige 教育部長八、九月間從事一項全國性的「返校並向前邁進之旅」（Back to School, Moving Forward Tour），透過家庭、學校與社區去宣傳中小學校績效責任的政策	布希總統、Paige 教育部長連袂參加該項活動的第一站，並分別提供給家庭、學校與社區三種有關「不讓孩子落後」的小冊，「返校並向前邁進之旅」新網站（www.ed.gov/ backtoschool）提供 Paige 教育部長的參訪行程、新聞稿及演講資料等
	布希總統宣布九月十四日為「九一一恐怖攻擊罹難者國家祈禱及紀念日」	Paige 教育部長配合發表聲明，呼籲全國教育工作者當日在教室或大型集會中舉辦默哀一分鐘，以紀念罹難者及

年度	重大事項	簡要說明
		安慰其家屬。Paige 稍後致函全國校長，邀請學生、家長等於十月十二日同一時間在學校教室中吟誦「忠誠的誓言」（Pledge of Allegiance），對罹難者暨家屬、救援人員及美國軍人表示支持
	各州教育協會與德州大學奧斯丁分校成立「國家教育績效責任中心」（National Center for Educational Accountability, NCEA）	該中心設在奧斯丁，主要任務是經由改善州的資料蒐集去改善決策、運用資料改善決策、在教育改革議題從事研究以及從事有效策略之評鑑、找出高成就學校的實務經驗並出版研究發現等，去促進學生成就
	教育部六月出版的《特許學校績效責任之研究》報告（A Study of Charter School Accountability）	報告指出，特許學校是新的公立學校，必須對所有學生開放並符合州的標準，它們比傳統公立學校有更大自主並承受更大壓力，它們最主要的自主性是運用公家經費並依創新的方式教導學生，最大的壓力是需要證明學生有效學習
	Paige 教育部長十一月宣布兩所學校、三個學區為「全國專業發展模範獎勵辦法」（National Awards Program for Model Professional Development）二〇〇〇年度的獲獎單位	獲獎的學區、學校必須展現其教師專業成長活動足以改善教師效能和學生學習，並且與一套最佳的研究和實務一致，獲獎單位必須提出過去三年學生成就有所增加，經由此一表揚辦法，這些學校能夠作為其他教師專業成長的模範，以改善教師技能與任教學科

年度	重大事項	簡要說明
		知識
	經濟合作發展組織（OECD）所推動的「國際學生評量計畫」（Program of International Student Achievement）於十二月發表三十二個國家十五歲學生的閱讀、數學、科學能力第一回測驗結果	美國學生三科的成績與大多數工業國家的學生相比表現平平，其他發現：在每一參加測驗國家，女學生的閱讀均優於男學生；家長教育程度、社經地位與學生成就強烈相關；與其他研究一樣，不同族裔學生之間的表現是有差異的，詳閱 nces.ed.gov/ surveys/ pisa/
2002	布希總統於一月八日正式簽署「不讓孩子落後法」	法案的主要內容包括要求州、學區及學校負起更多績效責任，提供家長、學生特別是低成就學校的學生更大選擇，賦予各州與地方教育主管機關使用聯邦教育經費前所未有的彈性，以及特別對幼兒強調閱讀等
	聯邦最高法院（Supreme Court）以五票對四票判決俄亥俄州克利夫蘭教育券實施計畫並不違反憲法第一修正案有關教會與政府分離之原則	這項判決推翻聯邦上訴法院二〇〇〇年所做違憲之判決，認為克利夫蘭教育券實施計畫將公家教育經費隨著孩子撥給私人教會學校並不違憲，這一判例對各州及地方的教育將帶來深遠的影響
	美國教育部三月擬訂未來五年的施政計畫（2002-2007 Strategic Plan）	提出六大策略性目標包括：「營造一種成就文化」（Create a Culture of Achievement）、「改善學生學習成就」（Improve Student Achievement）、「將教育轉變為實證為基礎的領域」

年度	重大事項	簡要說明
		（Transform Education into an Evidence-based Field）等，充分將「不讓孩子落後法」的重點融入
	美國教育部教育科學院八月宣布撥款委外成立「有效策略資料中心」（What Works Clearinghouse, www.w-w-c.org）	「有效策略資料中心」是提供教育工作者、決策者、研究者及民眾具有科學證據的有效教育計畫、產品、實務和政策的可信賴的來源
	爲配合當前強調科學研究爲基礎的教育改革，布希總統於十一月簽署通過「教育科學改革法」（Education Sciences Reform Act of 2002, H.R. 3801）	該法案將教育部所屬一級單位「教育研究改善司」升格爲新且更獨立的教育科學院（Institute of Education Sciences），由國家教育統計、國家教育研究及國家教育評鑑暨區域協助等三個中心所組成，院長一職爲期六年
	爲提升教師素質以達到「不讓孩子落後法」的規定，教育部六月間舉辦首次「教師素質評鑑會議」（Teacher Quality Evaluation Conference）	Paige 部長依據剛出爐的全國教師素質研究報告——「配合高素質教師之挑戰」（Meeting the Highly Qualified Teachers Challenge），向各州提出大幅改革教師檢定制度的呼籲，即提高任教學科目檢定考試的標準，以及降低阻礙尋求優秀教職人選的門檻
	Paige 教育部長在七月底宣布新的「不讓孩子落後——模範學校遴選辦法」（No Child Left Behind — Blue Ribbon Schools Program）	接受表揚的公私立學校必須反映高學業標準和績效責任的全國教改目標，這些學校必須在各州的學業測驗上排名前 10%，或至少有 40% 社經不利的學生但其學業成就有顯著進步，新的

年度	重大事項	簡要說明
		遴選辦法規定中小學將每年接受表揚，一改以往中小學隔年輪流接受表揚的作法
	布希總統、Paige 教育部長宣布「州學者」（State Scholars）計畫，這是企業與教育工作者之間的合作計畫，Center for State Scholars（www.centerforstatescholars.org）將與 Business Roundtable 共同選擇五個州實施	由於很多高中畢業生沒有做好升學或就業準備，「州學者」計畫在於鼓勵學生完成修習高中畢業所需最低要求以上的課程，至少包括四年英文、三年數學（代數 I、II 及幾何）、三年實驗科學（生物、化學、物理）、三年半社會研究及兩年外國語文
	史丹佛研究所（SRI International）十一月發表公立特許學校實施計畫（Public Charter Schools Program）第二年評鑑報告（www.sri.com / cep/choice/ yr2.pdf），第三年也就是最後一次報告將於二〇〇三年十二月完成	此一評鑑係在美國教育部的委託下進行的，SRI 透過電話調查特許學校、特許學校立案者，實地訪問六州特許學校及其立案者，以及第二次分析進步政策研究所（RPP International）特許學校的全國性研究，從特許學校運動、特許學校績效責任、彈性與控制，以及外界的支持提出研究結論
	教育部公布「不讓孩子落後法」第一章實施要點（Title I Final Regulations, www/news/pressreleases/2002/11/reg_sum. html）	第一章是聯邦政府補助中小學最大的投資，計有一百零四億美元，目標在提供額外協助給一千四百萬社經地位不利的孩子，以縮小他們及其他孩子之間的成就差距，實施要點含括州績效責任、年度適當進步、全校改革計畫、教師資格、就讀私立學校等法規

年度	重大事項	簡要說明
	教育部十二月間公布「不讓孩子落後法」中公立學校選擇及輔助性教育服務等兩項指南	前一項指南處理有關選擇規定的六十七種問題，諸如提出選擇的時間與期限、學生的資格何時及如何告知家長，與反種族隔離的命令潛在衝突；後一項指南處理五十七種問題，諸如尋找批准及監督輔助性服務業者、安排服務（釐清地方學區和家長的角色）
	Paige教育部長宣布教育部成立兩個新單位：革新改善司（Office of Innovation and Improvement, OII）及安全暨免於毒害學校司（Office of Safe and Drug-Free Schools），並展開運作	革新改善司對有展望之教育實際措施進行策略性投資並廣泛傳播成果，將重整家長選擇與教育有關的計畫，包括特許學校、磁性學校、公立學校選擇、非公立教育及家庭教育權，並與中小學教育司協調處理「不讓孩子落後法」中有關公立學校選擇和輔助性服務事宜，它是教育部的精明創投企業單位
2003	各州教育協會於年初著手建立「不讓孩子落後法資料庫」（NCLB Database, www.ecs.org/ NCLBdatabase）	該會的研究者與各州決策者及相關人員合作建構此一資料庫，該協會利用各種方法蒐集資料，包括網路蒐尋州議會及州教育廳網站以及各州的文件
	Paige教育部長六月主持「請問白宮」討論園地，在布希總統有關「不讓孩子落後」教改的談話之後，回答民眾問題	「請問白宮」（Ask the White House, www.whitehouse.gov/ ask）是一種網路上互動的討論園地，於四月成立，讓美國民眾能夠與內閣閣員、白宮資深官員等討論問題
	在莫特基金會（Mott Foun-	高峰會的重點在找出參加課後活動學

年度	重大事項	簡要說明
	dation）的贊助下，教育部六月初召開有史以來第一次的課後活動高峰會（After-School Summit），邀集課後活動業者、研究者、評鑑者、教育工作者及政府官員參加，研討如何對參加課後活動的許多青年學生做好服務	生的成就指標、有效課後活動的構成因素，以及課後活動評鑑措施。高峰會將追求以下的目標與活動：六月底舉辦二十一世紀課後活動暑期研習、秋季舉辦課後活動有關活動、各州教育廳代表秋季相關活動、邀集部分州長舉辦有關課後活動高峰會，詳情請參閱網站www.publicengagement.com/resources/afterschool/summit.pdf
	Paige教育部長七月向美國國會提出「不讓孩子落後法」十八個月執行現況備忘錄，詳閱 www.ed.gov/news/press-releases/2003/07/07 082003a-memo.pdf	備忘錄指出教育部現有的實施成果，未來數月將注重的問題和主題，並分享來自全國各地支持新法及在他們地方上努力執行新法的心得。Paige部長扼要描述短期內努力的方向：幫助各州在每一教室安排高素質教師、擴大符合資格學生接受家教及輔助性服務、找出需要改善的學校並給予所需之協助
	各州教育協會八月發表一份新報告《師資培育八問：研究怎麼說？》（*Eight Questions on Teacher Preparation: What does the Research Say?*網址為 www.ecs.org/ tpreport）	該報告分析九十二種嚴謹的研究來回答與教育工作者和決策者特別有關的核心問題，例如：學科知識對教師效能的作用為何？教學法課程對教師效能的影響為何？後續的報告將分別研析教師聘任及留住教師、資格與檢定以及專業成長
	Paige教育部長九月依據「不讓孩子落後法」有關高素質	相關措施如下：成立新的教師協助團（Teacher Assistance Corps），巡迴各

年度	重大事項	簡要說明
	教師之規定，宣布一連串教師素質促進措施	州協助它們執行高素質教師有關之規定；出版《不讓孩子落後：教師參考手冊》
	Paige 教育部長九月宣布不讓孩子落後教育改革法的一項新條文，賦予學校在殘障學生達成法令規定的要求更大彈性	在新條文之下，州、學區及學校將有彈性基於參加另類成就標準的評量，去計算嚴重認知殘障學生的學習成就，全國有 9%的學生接受特殊教育，其中約有 9%是嚴重認知殘障者
	Paige 教育部長十月在華盛頓舉行之國家高中領導高峰會（National High School Leadership Summit），對來自四十六州的七百位教育工作者、決策者、州政府官員等發表演說，宣稱美國高中的成就差距將爲國家帶來未爲人知的教育危機，並提出一套策略以提升高中教育的卓越	改革策略包括：創立名爲「爲美國未來高中準備」的計畫（Preparing America's Future High School Initiative, PAF-HSI）以建立新一代美國高中、給予經費補助擴充州的學者計畫以增加學生完成難度高的課程的比例、給予活動補助以增加低收入學生修讀進階課程的人數、提供強有力的新網站工具（Student Aid on the Web），協助家長、學生做升學準備及申請學生貸款
	教育部十月宣布爲期三年的契約給 Mathematica Policy Research, Inc.等進行全國教育科技運用效能之研究（National Study of the Effectiveness of Educational Technology Interventions）	由於聯邦投資龐大經費幫助學校接觸科技及網路學習機會，國會於二○○一年規定教育部要進行這方面的科學研究，目的在於找出增加學生成就的教育科技運用，以及增進教師使用科技於課程與教學的狀況，研究報告須於二○○六年四月提報國會

年度	重大事項	簡要說明
	教育科學院國家教育統計中心發表兩項報告：Internet Access in U.S. Public Schools and Classroom: 1994-2002 及 Computer and Internet Use by Children and Classroom in 2001	前一項報告指出，雖然美國公立學校已經有龐大投資提供電腦及上網，數位落差仍然存在，少數族裔及貧窮學生在學校時間以外缺乏電腦使用的機會；後一項報告表示，電腦和上網已經是小孩和青少年學校課業重要的一部分
	二〇〇三年十一月十七日至二十二日在美國本土及派駐世界各地大使館展開國際教育周（International Education Week, IEW）慶祝活動	國際教育周中每一天各有一慶祝的主題與活動，活動內容請參閱 exchange.state.gov/iew 網站，教育部及國務院共同推動國際教育周活動，它強調為美國人提供國際環境的重要性以及吸引海外學生來美念書的益處
	教育部出版《學生成功的工具》（Tools for Student Success）系列叢書給家長和教師參考，叢書目錄簡介每一出版品以及如何索取這些免費的出版品	教育部係配合布希總統提供家長、教師工具以幫助孩子成功的承諾而編印的，這些出版品描述在閱讀、家庭作業及免於毒害等題目的最新研究及最佳實務經驗，詳閱 www.ed.gov/parents/acdademic/help/tools-for-success/ Index.html
	教育信託基金（The Education Trust）十一月啟動一項新的「高成就學校暨學區計畫」（High-Performing Schools and Districts Initiative），表揚績優的學校和學	該基金會選拔全國提升所有學生成就及縮小不同學生群體成就差距有傑出表現的十二所學校及八個學區，頒給第一屆「破除錯誤觀念獎」（Dispelling the Myth Award），另外推出「破除錯誤觀念的網路資訊」（Dispelling

年度	重大事項	簡要說明
	區，並先推出二十九個州學校測驗成績網站，這與「不讓孩子落後法」的實施有關	the Myth Online），它是一種有力的學校測驗成績網站，依族裔學生狀況及貧窮程度呈現資料
	Paige教育部長十二月宣布建立新的免費資訊專線 1(888) NCLB-SUP 給學區教育局長，提供他們有關「不讓孩子落後法」的各種資訊	提供的資訊包括績效責任及學校進步評量、輔助性教育服務（如家教、學校選擇）、閱讀第一（Reading First）補助款、高素質教師規定的細節，學區教育局長亦可經由電子郵件專用地址 NCLBSUB@ed.gov 洽詢
2004	教育信託基金二月發表重要的研究報告——《教師的真正價值》（*The Real Value of Teachers*, www2.edtrust .org）	該報告強調教師素質是影響學生學習最重要的因素，提高所有學生成就並縮小族裔之間學生的差距是可以達到，只要各州立即採取評鑑及改善教師素質的措施，並安排最有效能的教師給最有需要的學生
	為配合現階段的教育改革，教育部二月宣布在未來五年成立新一代的全國教育研究中心之計畫，九月公布第一次獲選的名單包括范德比爾特（Vanderbilt）大學等三校	這三所全國教育研究中心分別探討學校選擇、鄉村教育及改善低成就學生的表現。教育部總計將成立八所新一代的研究中心，以取代以往較大型的十所全國教育研究中心
	各州教育協會於「不讓孩子落後法」實施兩年之後發表一份重要的報告 "ECS Report to the Nation: State Implementation of the No Child	該報告描述各州執行「不讓孩子落後法」的現況，包括在四十項指標上追蹤報導各州的實施成果、州內與各州的趨勢、各州面臨的問題與挑戰以及相關建議，所有資料取自「各州教育

年度	重大事項	簡要說明
	Left Behind Act"	協會不讓孩子落後法資料庫」
	Paige教育部長四月宣布一項新的「從教師到教師計畫」（Teacher-to-Teacher Initiative），撮合全國最優秀的教師與教育專家，與各地來的教師分享提升學生成就的技巧	「從教師到教師計畫」將包括以下活動：「教師圓桌討論」（Teacher Roundtables）、「暑期研習」（Summer Workshop）、「從教師到教師高峰會」（Teacher-to-Teacher Summit）及「教師電子快訊」（Teacher E-mail Updates），該計畫也成立新網站www.teacherquality.us
	教育部革新改善司發表 *Creating Strong District School Choice Programs*、*Creating Strong Supplement Educatioinal Services* 兩種出版品	「不讓孩子落後法」規定有社經地位不利學生的學校連續兩年無法達到預定的學業成就目標，必須協助孩子轉學，前一本書以實例說明學區如何做，後一本書則告訴學區如何提供家長、學生輔助性的教育服務如家教（tutoring）
	眾議院四月通過殘障者教育法（Individuals with Disabilites Education Act, IDEA）再授權法案（H. R. 1350），參議院則於五月通過它的再授權法案版本（H. R. 1350 EAS）	IDEA再授權法案的特色是：擴張地方學區使用聯邦經費的權力、大幅改善雙重程序（Due Process，包括提早解決訴願的程序、提早公布問題的全部、取消公聽會官員基於程序錯誤所做的決定）、增加個別教育計畫（IEPs）設計與修正的彈性
	Paige教育部長五月六日訪問學校並參加美國最高法院 Brown v. Board of Education	Paige在慶祝活動中稱這是美國歷史上重要的法律決定之一，並強調目前不同族裔學生的成就差距仍然存在，「不

年度	重大事項	簡要說明
	歷史性判決的五十周年慶祝活動，該判決結束全國公立學校種族隔離的措施	讓孩子落後法」正是歷史性的教改法令，盼藉由縮小成就差距以改變美國學校的文化
	教育部七月舉辦前所未有的「全國性研究到實務教師高峰會」（National Research into Practice Teacher Summit, www.ed.gov/ news/pressreleases/2004/07202004.html），邀請一百五十位以上含括各年級、各學科以及幾乎來自各州的教師參加	高峰會結合能夠將研究有效運用於課堂教學的最優秀教育研究者與教師，請他們示範閱讀、數學、自然及藝術的教學技巧，目的是經由提供與會者最新且有用的教學實務，以提升所有學生的學習及縮小成就差距，從全國各地來參加的教師能夠分享他們在學區、學校中所學習的經驗。教育部將選十種最好的研討，經由網際網路、衛星電視與錄影帶，於新學年開始時免費提供教師觀摩
	美國教師聯盟（American Federation of Teachers）八月出版《特許學校在二〇〇三年國家進步評量》的全國性報告（Charter School Achievement on the 2003 NAEP），引發廣泛的辯論	報告顯示特許學校的學生落後一般公立學校的學生，引發特許學校支持者與批評者的騷動，特許學校是布希政府青睞的教改策略，目前三十八個州計有八十萬學生在三千所特許學校就讀，Paige教育部長及支持特許學校的全國性團體等表示研究發現是誤導的
	教育部九月二十七日舉辦「美國教學之星」（American Stars of Teaching, www.ed.gov/ teachers/how/tools/initiative/american_stars.	「美國教學之星」計畫係表揚每一州所選出能夠使用革新的教學方法，提升學生學業成就的教師，教育部官員將安排前往各州訪問每一位獲獎的教師

年度	重大事項	簡要說明
	html）頒獎典禮	
	教育部十月宣布一項新的「不讓孩子落後」e學習工具（No Child Left Behind e-learning tool），提供教師所需的專業成長訓練，以配合許多教師需要及改善學生成就	e學習工具係回應教師需要深入而有品質的學習計畫，不但能配合教師繁忙的教學生活，並能讓他們進修以保持教師的資格，課程係免費也可修習學分。e學習工具對鄉村地區及其他高度需要地區須在兩年內聘用高素質教師的規定特別有幫助
	國家研究委員會（National Research Council）出版《促進教育科學研究》報告（*Advaining Scientific Research in Education*, www.nap.edu/books/03909321x/html）	該報告描述改善教育科學研究之方法，並提出十三項建議，呼籲教育學者分享他們的原始資料，好讓研究發現可以被複製及再分析，另外也敦促教育期刊的出版者能對他們出版的研究提供免費蒐尋，引起相當重視

國家圖書館出版品預行編目資料

美國新世紀教育改革 / 劉慶仁著.
--初版.--臺北市：心理， 2005（民 94）

面； 公分.--（教育願景；23）
含參考書目

ISBN 957-702-768-7（平裝）

1.教育改革－美國

520.952　　　　　　　　　　　94002499

教育願景 23　美國新世紀教育改革

作　　者：劉慶仁
責任編輯：呂佳真
執行編輯：李　晶
總　編　輯：林敬堯
出 版 者：心理出版社股份有限公司
社　　址：台北市和平東路一段 180 號 7 樓
總　　機：(02) 23671490　　傳　真：(02) 23671457
郵　　撥：19293172　心理出版社股份有限公司
電子信箱：psychoco@ms15.hinet.net
網　　址：www.psy.com.tw
駐美代表：Lisa Wu　Tel：973 546-5845　Fax：973 546-7651
登 記 證：局版北市業字第 1372 號
電腦排版：臻圓打字印刷有限公司
印 刷 者：東縉彩色印刷有限公司
初版一刷：2005 年 3 月